地方自治ジャーナルブックレットＮｏ．43

分権改革と政治改革

～自分史として～

西尾　勝

財団法人東京市政調査会理事長

公人の友社

もくじ

はじめに

本日は、この学術講演会を、特に大学2年生以上の学生たちに聴かせたいというご趣旨のようでありますので、それにふさわしいテーマと考え、「分権改革と政治改革」という演題にさせていただきました。かなり幅広い大きなテーマを設定したことになります。

私は1995年から2001年にかけて、通算して丸6年にわたって首相直属の諮問機関として設けられておりました、7名の委員で構成する「地方分権推進委員会」の委員を仰せつかっておりました。そして、まだそれが終わらない間でありますが、2000年から「新しい日本をつくる国民会議」、新聞紙面などではしばしば「21世紀臨調」と略称されております民間の政治改革運動団体に参画を致しまして、今ではその4人の共同代表の1人を務めています。

今日は、「分権改革」にかかわってきた私が、更に「政治改革」にまで手を広げて、いわば二股掛けた運動をし始めているのですが、それはどうしてかという「自分史」を皆さんにお話し申し上げることにもなります。

そうした私自身の体験を別にして、もっと客観的に申し上げれば、日本における「分権改革」と「政治改革」が相互にどのように密接に関連しているのか。それをぜひ頭に入れていただきたいという趣旨の講演であります。

1

「分権改革」は「行政改革」と「政治改革」の流れの合流点で生まれた

1 「行政改革」「政治改革」そして「分権改革」

1993年ごろから始まりました「分権改革」は、「行政改革」の流れと「政治改革」の流れが合流した地点に初めて成り立った改革でありました。

1980年代以来の「行政改革」の流れ

「行政改革」について言えば、1980年代初頭に「第二次臨時行政調査会」、「第二臨調」とか、会長のお名前を取りまして「土光臨調」と呼ばれましたが、これ以来ずっと「行政改革」は続いているわけです。この「第二臨調」が行いました改革は幅広いものでありますが、皆さんにとって最も記憶に残ることといえば、国鉄・電電を分割民営化した、あるいは専売公社を民営化した。

当時、この国鉄・電電・日本専売公社は「三公社」と呼ばれていたわけですが、この三つの公社について民営化を断行した。これが最も代表的な改革でありますが、その効果はさまざま皆さんが感じておられるのではないかと思います。

その「第二臨調」以来始まった「行政改革」はその後、「第一次行革審」、「第二次行革審」、「第三次行革審」、それから「行政改革委員会」、更には「規制改革会議」と、名称を変えながら今日まで続いています。

何よりも、小泉首相自身が「官から民へ、国から地方へ、民にできることは民に、地方にできることは地方に」と言い続けておられるわけですが、これは「第二臨調」以来の「行政改革」の流れを端的に表現しているスローガンです。小泉内閣に至るまで営々として、20年以上続けられてきているテーマになっています。

1990年代以来の「政治改革」の流れ

ところが1990年代から、もう一つ「政治改革」の流れが始まっています。そのきっかけは1980年代の末に起こったリクルート事件です。これは自治体である川崎市の汚職から始まり、たちまち中央省庁の次官クラスが次々と逮捕され、官僚の話かと思っていたら、次には続々と政治家が逮捕される事件に発展しました。政・官、国・地方を合わせ巻き込んだ大汚職事件となりました。

それ以降もさまざまな政治腐敗事件が続きましたが、このリクルート事件をきっかけにしまして、日本の政治家たちは、政治の構造を改革しなければならない、そうでなければ国民の批判に耐えられないと考えるようになりました。その時以来、政治改革について議論する場が第一党である自民党の中にも設けられました。

そして、問題は何かといいますと、こういう事件が絶えず起こることの根本は選挙にお金がかかることである。一つには、これをもう少しお金のかからない選挙に改めなければならないのではないか。もう一つは、選挙が人を選ぶ選挙になっていて、政策あるいは政党を選ぶ選挙になっていない。ここに根本的な問題があるのではないかと考えられるようになりました。もう少しお金のかからない選挙、もう少し政策・政党を巡って争う選挙に変えようということであります。

なぜ、今まで日本の政治はそうならなかったのかというと、衆議院議員の選挙制度が中選挙区制で行われてきたことに最も根本的な原因があるのではないかと考えられるようになりました。これは何も、戦後に始まったことではなくて、戦前すべての成人男子に選挙権を与えた普通選挙制が敷かれて以来、日本の国会の第一院である衆議院議員の選挙は、ごく一時期の例外がありますが、ほとんど一貫して中選挙区制で行われてきました。

中選挙区制と申しますのは、一つの選挙区から3人、選挙区によって5人というように、人数はそれぞれの選挙区で違うのですが、ともかく一つの選挙区から複数の議員を選び出すという選挙制度です。この中選挙区制で選挙をいたしますと、与党と野党の間で争いが起こるだけではなくて、与党にも同じ選挙区から複数の候補者が出ているわけで、与党の公認候補者がお互いに競争関係に立つという仕組みになります。そこで、政党間で争うのではなくて人物本位で争わなければならなくなります。

そうすると、自民党の候補者はその典型でありますが、それぞれ党に頼って選挙をするわけにはいきませんので、個人個人、自分の後援会組織を作り上げることになります。そして、それを基盤にして選挙を戦います。それを応援してくれるのは、やがて所属する派閥の領袖となりまして、この選挙制度を続ける限り自民党内に派閥が生まれるのは必然であると言われてきました。従って、この中選挙区制では政策・政党を争う選挙にはならない。同じ政党に属している候補者でもお互いに競争し合わなければならないことから、お金のかかる選挙になっているわけです。

これを変えようと思うとどういう選挙制度があるかというと、一つは、一つの選挙区から1人の国会議員を選ぶという小選挙区制に替える。こう変えれば、政党と政党の争いになります。必然的に政策を争う選挙になるだろうと考えられました。

もう一つの方法は比例代表制に替えることです。これは政党の得票率に応じて議席を配分しますから、政党・政策を争う選挙になります。さて、小選挙区制にするのか、比例代表制にするのかが、この政治改革問題の最大の争点になりました。

与党であった自由民主党の中には、そもそもこれまでの中選挙区制を変える必要はないという人たちがいました。これを当時、「守旧派」と呼びました。このままでは駄目だ、変えなければいけないと考えた人たちが「改革派」ですが、自民党の改革派の人たちはおおむね小選挙区制がいいのではないかと考えました。もっと端的に言えば、小選挙区制にすれば自民党の圧勝は疑いないと思っていました。

それに対して、当時の野党第一党であった社会党からはじまりまして、野党諸党は、この小選挙区制では自民党が圧倒的に有利になって、野党はみんな衰退してしまうのではないかと考えまして、小選挙区制は困る、比例代表制に替えるべきだと主張しました。その結果、のちに、半分以上を小選挙区で選び、残りの部分を比例代表制で選ぶという、小選挙区比例代表並立制でいこうという妥協が与野党間で成立して、今日に至っています。

小選挙区制と分権改革

そこで選挙制度改革から始まったのですが、当時、政治改革をしなければならないと考えた人たちは、これをもって政治改革が終わるとは思っていませんで、更に根本的な改革をしていかなければならないと考えていた。何かといえば、政官業の癒着構造と呼ばれるもの、あるいは「鉄のトライアングル構造」と呼ばれた関係、これ自身を崩していかなければいけない。そこまでいかなければ、政治構造改革にはならないと考えられていました。

ということは、官と民の関係を変える、国と地方の関係を変える、政治家と官僚の関係を変えるという全側面にわたります。そのうちの国と地方の関係を変えるという事柄のうちの一環が、政治家による地元利益の仲介斡旋という慣習をやめていくことです。

各地方選挙区から国会議員になった方たちは、その地元選挙区のために一生懸命働く、それが国会議員の仕事だと思っておられるふしがある。しかし、それでは困るのではないか。国会議員に選ばれた人は、国政の在り方を議論し決めていただく任務を持っているわけで、都道府県のことは都道府県の知事、都道府県議会議員の人たちが決定していく。市区町村のことは、市区町村長と市区町村議会の議員という地方の政治家たちが決定していくべき事柄であって、そこに国会議員が介入する、あるいは国会議員を頼らなければならないという構造を変えなければならないのではないか。そのように考えられました。

特に中選挙区制の時代ならば、一つの選挙区から複数の衆議院議員が当選しておられますから、地元の市長なり町長なりが何か国会議員の力を使って、各省庁を動かそうと思われるとき、「この問題はこの先生にお願いしたらいいのではないか」と選ぶことが可能です。複数の国会議員が地元から出ておられますから使い分けることが可能です。もっとも、市町村長は国会議員の選挙にもかかわらざるを得ないところがあって、ある国会議員を強く推していらしたというとき、その先生を通すことが一番有利ですが、ほかの先生はなかなかその市町村長の望むとおりには動いてくださらないかもしれないという、複雑にして厄介な関係もあるのですが。

しかし、これが小選挙区制に替わりますと、一つの選挙区から1人の衆議院議員しか当選しておりませんので、市町村長あるいは市町村議会議員がその国会議員を使って動かそうと思ったときには、その1人の先生を頼む以外に方法はありません。その方がその地区の全権を握ったような感じになります。そうなったときは、地元のための利益の仲介斡旋というルートが1本になってしまいます。それは非常に強い力を持つことになりますので、その弊害は中選挙区制の時代よりも大きくなるのではないかと考えられました。

衆議院議員の選挙を小選挙区にするのならば、地元の利益のために衆議院議員が動く必要がない制度、つまりそれだけ地方のことは地方が決められるという制度に変えていくことが大事だと考えた人たちがいるわけです。従って、政治改革に関連して分権改革を並行して進めなければならないという意識が生まれていました。

更に言えば、政治改革は最終的には日本の政党の再編成まで行き着くのだろうと考えられていた。自由民主党といいましても、ハト派からタカ派に至るまで、外交問題についてはそうですが、そうではないさまざまな問題についてもさまざまな考え方の方がいらっしゃる。自由民主党の政治家といったら、こういうふうな考え方の人たちだとは単純に割り切れない、さまざまな人たちが混在しているのが自由民主党であります。こんにちの野党第一党の民主党も、もともと各党の寄せ集まりでできた党でありますから、自民党以上にそうだと言えるかもしれません。いずれも、非常に意見に幅のある政党です。

従って、自由民主党を選挙で第一党にしたらどういう政治になるのか、国民には依然としてどうなるのかよくわからない。もし民主党が政権を取ったらどうなるのだろうか。これもよくわからない。これでは国民にとっては選びにくい選挙になっているわけでして、もう少し自民党も分裂する、民主党も分裂する、それぞれ既成政党が分裂しまして、考えの近い人たちが寄り集まって新しい政党を再編成して、同じような主義主張の人が集まった政党ができあがったほうが、国民にはわかりやすい。

この政党が第一党になって内閣を握ったら、こういう政治になるだろうとわかる、そういう政治にしてもらうことが重要ではないかと考えられていました。最後の政治改革の課題は政党再編成だと思われていた。

現状では、第2の政官業の癒着構造を変えることもまだ不徹底に終わっていますし、ましてや政党再編成という課題は全く動いていないわけで、これからの課題です。今の自民党、民主党がそのまま続くとは私には思われません。まだまだ激変が起こって、政界の再編成が進むのではないかと思っています。

同床異夢

さて、この80年代からあった「行政改革」の流れと90年代から始まった「政治改革」の流れとが合流したところで、「分権改革」が始まったと申しました。ということは、「行政改革」のために「分権改革」をしているのだと考えている人たちがいる。特に財界を中心にそういう考えがある。また、政界の中から出てきた、政治を変えなければならないということから「分権改革」が必要だと思って、推進していらっしゃる人がいる。そして、市町村、都道府県という自治体関係者たちから見れば、まさに地方自治を充実するために「分権改革」が必要だと思って、これに期待を掛けている。

みんな、「分権改革」を進めなければならないという点ではおおむねの一致を見ているわけです。しかし、何のために「分権改革」をしなければいけないのかという点については考えていること、狙っていることが少しずつ違っているという状況にあります。昔から「同床異夢」という言葉があります。同じ寝床に寝ていながら、それぞれ違う夢を見ている状態を言います。分権改革を進めようとして結集している。しかし、それぞれ何を狙っているかは違っているという状況です。こういう複雑な状況の中で分権改革は進んでいます。

ある人は、これを「混声合唱状況」だと言いました。それぞれ違うパートを歌っているのですが、全体として一つのメロディーになっているということです。そういうかたちで「分権改革」は始まったのです。

2 分権改革の起点

90年代に始まった分権改革のスタートライン、起点は何だったのかといいますと、1993年に国会の衆参両院で「地方分権推進決議」が行われたことが一つです。そしてもう一つは、この年の年末近く、当時の第3次行革審が「最終答申」を出したことです。

衆参両院の「地方分権推進決議」

衆参両院の「地方分権推進決議」はどちらかというと「政治改革」の流れの中から出てきたものだと言えます。

どうしてこの時にこういう決議がなされたかといいますと、その前に日本新党という新しい政党が立ち上がりまして、参議院議員選挙で大躍進を遂げました。次の衆議院の総選挙では、またそちらにも日本新党はかなりの勢力を伸ばすのではないかと思われていた。この日本新党の党首は、熊本県知事であった細川（護熙）氏でした。

この日本新党が掲げた第一の政策目標は、「集権構造を分権構造に変える」ことだったのです。明治以来の中央集権的な構造を地方分権的な構造に変えることが日本の課題だと言って、これを高らかに掲げて登場してきた政党が思いもかけない支持を受けているという状況があったのです。

これに既成政党は非常に脅威を感じました。そこで、公明党も地方分権を掲げるようになりましたし、社会党が地方分権を掲げるようになって、各党次々に地方分権をうたうようになりました。最後までうたわなかったのは自由民主党でした。この自由民主党まで何とか巻き込んで超党派の決議をしようという運動が功を奏して、とうとう自民党も乗って決議がなされたのが、この93年の衆参両院の地方分権推進決議です。

第3次行革審の最終答申

それに対して、年末に出てきた第3次行革審の「最終答申」は、「行政改革は依然として不徹底である、更に大規模な改革が続行されなければならない」という財界の声を反映していました。

「これからの行政改革は、官と民の関係を変える。特に規制緩和をする。企業をもっと自由にしてほしい、余計な縛りを掛けないでください。そうしないと日本はこの経済不況から脱却できない」というのが財界の声でありまして、規制緩和を第一の柱にする。

第二は地方分権を進めて、国、つまり中央政府を今よりもコストのかからないスリムなものに変えてもらうことが重要だと言ったわけです。

ですから、規制緩和と地方分権という、二つの大きな柱に従って今後の行政改革を進めてほしいという答申が出されたわけです。これは80年代来の行政改革の流れに乗った提言だったと言っていいと思います。

細川連立内閣の成立

そして、この年の夏にもう一つ大事件がありました。時の宮澤内閣に対する不信任決議案が衆議院で可決されてしまう。野党が賛成しただけではなくて、自民党の中からも不信任決議に賛成する人が出てきまして可決されてしまった。そこで内閣は総辞職をするか、衆議院を解散するかしかない状況になったのですが、宮澤内閣は衆議院の解散という手に出ました。この解散をした時に自由民主党は分裂しまして、当時、改革派だった人たちが新生党、あるいは新党さきがけというグループを作って、自民党から出ていくという状況になりました。

その結果行われた総選挙で、自民党は過半数を割りました。そこで自民党以外の諸政党、日本新党まで含めてたくさんの政党がありましたが、非自民の諸政党が大連立を組みまして細川内閣が成立しました。自民党は野党に転落しました。この非自民の細川内閣が、この第3次行革審の最終答申を受け取ったわけです。その細川首相が、この最終答申に書かれていた道筋に従って分権改革を進めていきますと首相公約をしてしまったのです。これがその後のすべての出発点になっています。

村山内閣下で「地方分権推進大綱」の閣議決定

その後1994年になりますと、細川政権も総辞職しまして、羽田政権が生まれ、何とみんなが驚いたことには自民党と社会党が連立を組むという村山内閣が生まれました。そして、この村山内閣の下で「地方分権推進大綱」が閣議決定され、引き続き、地方分権推進法案を立案して国会に提出していくことになりました。1995年には、この地方分権推進法が国会で成立しまして、7月に、この法律に従って「地方分権推進委員会」が発足しました。

ここで、1993年から1995年にかけて分権改革はいよいよ動き出すという気配になったわけですが、こうしたことを政治学の世界では「政策の窓が開く」という表現をしています。「ポリシー・ウインドー」があるとき、ぱっと開く」。それまで、一部の人が一生懸命ある政策、例えば分権改革を唱えていたとしても政治の世界では取り上げられないことが長く続いてきた。ところが、あるとき、パッと、それが政治課題に取り上げられ実現してしまうという現象がある。なぜ、その時点で「政策の窓」が開いたのか、それが問題であるわけです。

3　分権改革の「政策の窓」を開いた二つの要因

「地方分権」を要求する政治勢力の多元化

この時、分権改革についての「政策の窓」が開いた要因は何であったかといえば、以下の二点だと思います。一つは、地方分権を要求する政治勢力が従来に比べて多元化したことです。多くの勢力が地方分権を要求するようになりました。

それ以前から、市町村・都道府県という自治体関係者は、あるいは地方六団体のような団体は、「もっと分権を進めてください。市町村に、都道府県にもっと事務権限を下ろしてください。交付税はこう変えてください」と毎年のように意見書を作って、国会や内閣、関係省庁に提出する努力をしてきました。私たちも含めて、地方分権について研究し評論をしている学者たちも同様の主張をしてきました。そして、国に設けられた地方制度調査会は何度も、「分権が必要だ」という答申を出し続けていました。これらを私は「地方自治業界」と言っているのですが、地方自治の充実が必要だ。地方自治業界の人たちは昔から地方分権を要求していたのです。しかし、現実には取り上げられなかった。「政策の窓」は開かなかった。残念ながら、その人たちの声だけでは政治は動かなかったのです。

ところが、これが動くようになったのは、そのほかに応援団が出てきたからです。一つは、政界の中から「政治改革が必要だ、ついては地方分権が必要だ」という声が出てくるようになったことです。政治家の中にも味方が出てきた。もう一つは、財界はほぼ一貫して中央集権派だと私は思いますが、財界の一部からも出てきた。それは日経連とか経団連といった東京で活動している財界の本流ではなくて、例えば関西経済連合会といった地方財界の人たちが、地方分権を強く要求するようになってきました。

ですから、政界の場合も一部で、財界もあくまで一部ですが、「分権論」が出てきた。それは「政治改革」、「行政改革」を進めるための分権論かもしれませんが、それにしても分権が必要だという人たちが出てきました。

そして、もう一つは、労働界の世論が変わったことです。かつては総評と同盟に分かれていまして、民間労組は主として同盟系にいて、総評は官公労系の公務員の労働組合、あるいは公社職員の労働組合が強い力を持っていた組織でありました。総評は社会党、共産党を支援する団体で、同盟は民社党を支援する団体である。そのように労働界のナショナルセンターは分裂していました。これが、次第に総評が力を失いまして、労働界が連合という組織に統一されました。

こんにちでは連合が唯一のナショナルセンターになっています。この連合は、民間労組が主導権を取ったナショナルセンターです。公務員の労働組合は必ずしも分権に賛成とは言えない。しかし、労働界の人たちはやはり分権が必要だ、行政改革が必要だと強く主張していまして、ここは経営者たちとあまり違いがない。それが労働界の声になってきたことが大きな変化です。こういう応援団が出てきた結果、初めて政治が動くようになった。それが一つです。

自民党一党単独支配時代から連立政権時代への移行

もう一つは、1993年の夏に、一大政治変動が起こり、自由民主党の分裂、そして総選挙における敗北、野党への転落という事件が起こりました。自民党以外の諸政党で大連立内閣が成立して、自民党一党単独支配時代がここで終わり、それから連立政権時代への移行という大きな節目になりました。

今日まで依然として自民党は一党では政権を維持できなくなって、現在は公明党と組んだ自公連立になっています。この時に始まって、基本的には今に至るまで連立政権時代が続いている。

この自民党一党単独支配時代には、分権改革はまず考えられなかったと言っていいと思います。これが連立政権時代になったが故に、分権改革は可能になりました。

4 村山内閣による「地方分権推進委員会」の人選

もっと具体的に申し上げれば、いよいよ「地方分権推進法」が国会で成立し、地方分権推進委員会の委員の人選という過程に入りました。その時は村山内閣でした。当時、分権改革に深い関連を持っておりましたのは、村山首相をはじめとして、五十嵐広三・元旭川市長が内閣官房長官というポストに座りました。山口（鶴男）さんが、行政改革を担当する総務庁長官のポストに座っていました。この3人はいずれも旧社会党の人たちでした。そして分権改革となれば、自治省の自治大臣がもう一つ重要なポストですが、ここは自民党の野中広務氏が就任していました。

この野中さんは分権改革に極めて熱心な人でありました。五十嵐さんは北海道の旭川市長から国会議員になった人だと申しましたが、野中さんは京都府下の町長、京都府議会の議員、京都府副知事を経験して国会議員に上がってきたという、地方自治経験者でありました。この社会党・自民党を超えまして、地方分権に極めて熱心な人たちが、この問題に関係のあるポストにみんな座っていた。この4人が手を結んで進めようとしたのです。

地方分権推進委員会という首相直属の諮問機関の委員に誰を任命するか。各省庁やいろいろなところがみんな、「この人がいいのではないか」と推薦を出すわけですが、最後に選ぶ権限を持っているのは内閣総理大臣、首相自身です。しかし首相の権限になっていることは、ほとんどは内閣官房長官が実際は取り仕切ります。この場合は、五十嵐官房長官が最後の人選をしました。

私は、この村山内閣でなければ地方分権推進委員会の委員になることは決してなかったと思います。私を推薦したのは地方六団体です。私は分権を進める努力をしてくれるだろうと思って、地方六団体が強く「西尾を委員にすべきだ」と言ったのです。私については、省庁名までは言いませんが、いくつもの省庁が明白に「あの人だけは駄目だ、あの人だけは委員にしてはならない」と言って反対しました。

そういう状況の中で、なおかつ、私を選んだのは五十嵐官房長官です。それは、以前から私は個人的に五十嵐さんとよく知っていたという関係を抜きにしてはあり得なかったのではないかと思います。分権派の人たちは、できるだけ分権を推進しそうな人を委員会に多数入れたい。反対派は、できるだけそれに抵抗する委員を入れたいと思うのです。当然、そういうせめぎ合いです。その中から誰を委員にするかという人選をしていったのが五十嵐さんであったことが、当時は最も大きなことでした。われわれの委員会からすれば有利な内閣の下で、地方分権推進委員会はスタートすることになりました。

2

地方分権推進委員会の基本戦略

1　地方六団体の支援を背景に国の省庁と折衝

次に、地方分権推進委員会はどういう基本戦略で臨もうとしていたかを申し上げます。

私たちは、地方六団体の支援、つまり全自治体の支援を背景にして国の省庁と折衝して分権改革を一歩でも進めることが、わが委員会の任務だと考えていました。

地方六団体が反対するような改革はしない　—「受け皿」論の棚上げ

もう少し具体的に申しますと、地方六団体が反対するような改革はしない。支援してもらわなければならない人たちが反対するようなことはしないと決めていました。

一番大きなことは、分権改革を進めるにしても、その当時あった3200有余の市町村と47の都道府県をそのままにしておいて、そこに分権していくというので果たしていいのだろうか、十分な分権ができるのだろうか。それは無理ではないか。小さな町村はなくして、そのために町村合併をやって市町村を再統合しなければいけないのではないか。47都道府県に代えて道州制にしなければいけないのではないか、連邦制にしなければいけないのではないか。いろいろな意見が、政界、財界、マスメディアの世界にもありました。このような、「分権」を受け取ってやろうとする団体そのものの組み替えが必要ではないかというのを、「受け皿論議」と呼んでいました。これを棚上げしようということです。

なぜならば、「市町村合併を始めます」と言った途端に、全国町村会、全国町村議会議長会は一斉に反対することは目に見えていた。都道府県制を再編成して道州制に切り替えようと言ったら、都道府県が分裂する。知事会が分裂する、都道府県議長会が分裂することは誰が考えても明らかなことでした。

われわれの支援団体を分裂させて応援団をなくしてしまうようなことをしたら、「分権改革」は進まないと考えましたので、こういうテーマには触れないと決めました。それは将来また考えることにしよう、当面は3200有余の現在の市町村と47の都道府県がそのまま存在することを前提にして、できる限りの分権を進めようと考えました。

地方六団体に「改革要望書」提出を要請

更にもう一つ、地方六団体自身から「改革要望書」を提出してもらうことをお願いしました。自治体の意見として「ここを変えてください」というものを出していただいて、それをわが委員会は取り上げて、「自治体はこう言っているんだ。農水省さん、文部省さん、少し考え直しなさいよ」と言って変えてもらう。そういう役割を担うのが、わが委員会の仕事だと考えました。

現に、この地方六団体の「改革要望書」は何回にもわたって提出されまして、その総量は膨大なものになっています。それをわれわれは受け取って、そこに書かれていることを逐次実現していくというやり方で審議を進めてきました。

2　予想外の中途での戦略変更　――市町村合併の同時進行にゴーサイン

基本的にはそういうことで進め出したのですが、実は、途中で、予定外の戦略変更が起こりました。それは何かといいますと、「市町村合併」を今から直ちに始めることです。これが、今日まで続いている「平成の市町村合併」の出発点になりました。

なぜ、そういう戦略変更をせざるを得なかったかといいますと、自由民主党のみならず、当時の野党まで含めて、市町村合併だけは今から直ちに始めるべきだという強い声が国会議員の中にありました。もう与野党を超えて、多くの人が「市町村合併だけは先延ばしするな、今からすぐ始めろ」となっていた。これが自民党の声だけならば、まだわれわれも抵抗したかもしれません。しかし、野党にまで広くわたっていた。

この国会議員の声、各党の声を無視してやることは、われわれの地方分権推進委員会の仕事に決してプラスにならないと考えまして、これには妥協して、同時にスタートすることになってしまいました。ただ、その当時、都道府県制については、当面このままでいくと了解されましたので、そこはいじらずに改革していくことになりました。「受け皿論議」を棚上げすることが一部崩れたわけです。

3 「内閣の勧告尊重義務」はどのように働いたか

もう一つ大事なことは、この「地方分権推進法」には、地方分権推進委員会が内閣に対して勧告を出した場合には、「内閣はこれを尊重しなければならない」という義務規定が書き込まれていました。

当時の各紙の社説ではどう書いていたか。

「今度の法律には、内閣が勧告を尊重しなければならないという義務まで書き込まれているのだから、非常に強力な権限を地方分権推進委員会は持ったことになる。だから、地方分権推進委員会は勇気をもって、どんどん大胆な勧告をすべきだ。そうすれば、内閣はこれを尊重しなければならないと法律には書いてあるのだから、それを内閣は取り上げて実現することになるだろう。この強力な武器を生かして、思い切った改革を進めるべきだ」、それが各紙の社説の論調でした。

でも、現実にはそうならなかったのです。どうしてかというと、地方分権推進委員会は1995年7月に発足して、それから自由な討議をずっと続けてまいりましたが、翌年の3月、年度末までには「中間報告」を出せと当時の連立与党から要求されておりました。そこで、翌年1996年3月に「中間報告」をまとめまして、これを内閣に提出しました。

「中間報告」に各省庁は猛反発

この時の「中間報告」は、委員会の中の自由な議論を踏まえて、高らかに分権改革の方向性をうたい上げていました。ですから、各新聞の社説はこれを非常に好意的に書きました。「今度の委員会は期待できるかもしれない。かなり思い切った改革を実現してくれるかもしれない」という高い評価を受けました。

新聞では高い評価を受けましたが、霞が関のほとんどの省庁はこれに強く反発しました。中身に反発しているだけではありません。その手続きに反発したのです。と申しますのは、この「中間報告」はほとんど委員会の中で起草しまして、文章を書いて、そしてどこの省庁にも事前に見せないで確定してしまって、内閣に提出したのです。こういうやり方は、政府の諮問機関の仕事のやり方として認められない。それは従来の慣習に反する。

政府の各省に置かれる審議会であれば、事務局である各省が厳重にコントロールしながら進めています。内閣に直属で置く諮問機関であったとしても、そこが何か言うときには、「今度こういうことを言おうと思っている」と関係省庁に全部事前に見せるのがルールです。見せると、気に入らないところについて、「ここはやめてください、削除してください、表現を変えてください」と要求が出てくる。それに何とかこたえて、全省庁が「ああ、仕方ない」と黙ったものをやっと内閣に提出する。それが諮問機関の従来のルールです。

その手続きを一切無視して、省庁の意見を事前に全く聞かずに「中間報告」を出すとは何事だ。これは「霞が関ルール」を完全に無視している。「こういうやり方で調査審議をするのであれば、以後、この地方分権推進委員会の調査審議には一切協力できない」と、各省は言い出しました。

協力できないとは、この問題について省庁の意見を聴きたいから出てきてくれ、あるいはこの問題について省庁と討論したいから、ともかく委員会のテーブルの席に出てこいとわれわれは言うのですが、そういうヒアリング、折衝の場に絶対出ない、ということです。こうやって、省庁が全部、協力拒否をしたら、地方分権推進委員会は仕事ができなくなります。全く動かなくなります。

それは困る。そこで「これはあくまで「中間報告」だったので、そうしたけれども、これから正式に勧告を出すときには、なるべく省庁の意見は事前に聴いた上で、勧告案を作っていくようにしますから、心配しないで、これからも協力してください」、となりました。

橋本首相「現実的で実現可能な勧告を望む」と繰り返す

各省庁が強く反発して、「以後協力しない」と言っただけではなくて、実は総理大臣からもそういう要求が出てきました。その時は、既に村山内閣は総辞職してしまっていまして、この「中間報告」以降は橋本内閣に代わっていました。社会党は総辞職後、内閣から離れて野党に移り、橋本内閣は自民党と新党さきがけとの連立内閣で、従来の自民党・社会党・新党さきがけの連立内閣から見れば、分権改革に消極的な内閣に変わっていました。

その橋本首相は「現実的で実行可能な勧告を望む」と言った。この言葉を国会でも記者会見でも、繰り返し正確に、こういう表現で何度もおっしゃいました。この「現実的で実行可能な勧告を望む」とは何を意味しているのか。「閣議決定可能な勧告を出してくださいね」ということです。「尊重して閣議決定できるような勧告を持ってこい、できないようなものを持ってこられても尊重しようがない」、ということです。

では、「閣議決定可能な勧告」とは何かといえば、関係省庁が全部同意している勧告です。関係省庁に反対があるものは内閣に持ってくるな。どこかの省庁が絶対反対と言っているものを持ってくるな。そんなものを持ってこられても閣議決定できない。そうおっしゃっているのです。

その後は、関係省庁が同意した事項のみを勧告 ―「霞ヶ関ルール」を尊重

「全省庁が同意している勧告を持ってこい」と首相から繰り返し言われたのですから、私たちはその後の勧告文を作る作業においては、このことを頭に入れて全関係省庁とものすごい時間をかけて徹底的に折衝を繰り返しまして、関係省庁が同意した事項のみを勧告の中に取り入れました。同意が得られなかったことは、みんなあきらめた。同意を得られたものだけを寄せ集めて勧告文に書いて、内閣に提出しました。

地方分権推進委員会の第1回から第4回にわたる勧告は、そういうやり方で作られました。従って、嫌々であれ、渋々であれ、省庁が同意していることです。そこで、すべて閣議決定されました。そして、それを受けて、地方分権一括法に95%以上忠実に取り入れられました。そこで実現したのが「第一次分権改革」です。機関委任事務制度の全面廃止からはじまって、さまざまな改革はそういうかたちで行われました。

このように諮問機関が答申したものの95%以上が忠実に実現に移されたことは、ほとんど歴史に例のないことでありまして、そういう意味では地方分権推進委員会は画期的な成果を上げたことになります。しかし、その裏面を見てみますと、ものすごく大きな犠牲の上に立っています。逆に言えば、改革は不徹底で、たくさんのことが改革されずに残っていて、不十分なものにとどまっている。

原因は二つあります。

一つは、地方六団体がまとまって出してきた意見を取り上げた。地方六団体が反対することはやらない、言わないという前提で来たわけです。従って、地方六団体が反対、分裂しそうなことは全部避けた。

事務権限の移譲の問題で市町村が要求しているものがあります。例えば、農地法上の農地転用の許可権限は全市町村に下ろしてくださいというのは、市長会のみならず、町村会の強い希望でした。しかし、知事会はウンと言いません。農水省もウンと言わないのですが、その前に都道府県がウンと言わなかった。

こういうことは六団体一致の意見になりません。従って、六団体の改革要望書に出てきません。市長会や町村会が要求しているだけではまとまらない。知事会もOKというものだけが出てくる。すべてそうです。お金の関係の問題になったらなおさらです。全部、利害対立が起こります。都道府県と市町村の利害対立もありますし、市と町村の利害対立もあります。あるいは、経済力の豊かな大都市圏、東京圏・大阪圏・中京圏といった地方交付税上比較的豊かだと思われている自治体と、それ以外の過疎道県、あるいはそこの市町村との間の利害対立も激しいものがあります。

そういう問題はすべて、委員会に「ここを変えてください」と出てこない。それは地方六団体の意見がそろわないからです。そういう限界の中で仕事をしたことが一つです。本当は変えなければいけないたくさんの問題が触れずに残っています。

二つ目は言うまでもなく、各省庁が同意したものしか勧告しなかったのですから、何とかしてやりたいと思っても、相手がウンとついに言わなかったという問題は全部あきらめて残っています。従って、改革は不徹底なものに終わりました。それがすべて、今後の第二次分権改革以降の課題として残されています。

3

戦後日本の議院内閣制における「閣議決定」の仕組み

先程、「閣議決定の可能な勧告」とは、全省庁が同意している勧告だと申しました。どうしてそうなのかといいますと、それが実は、戦後、自民党一党支配時代にできあがった日本の国政の政策決定の仕組みそのものなのです。その仕組みがどのようにできているか。かいつまんで要点をお話しします。

1 「省庁間折衝」による全省庁の合意の形成

まず、ある省庁が何らかの法案を成立させたいと思う。例えば、耐震偽装という問題が出てきたので、国土交通省は建築基準法の改正案を作りまして、国会に出して成立させました。

こういう法律案を国土交通省が出したい、国会で成立させたいと考えたならば、関係の省庁と全部協議をしなければなりません。あるいは、総務省が地方自治法の一部改正をすることで出すときに、例えば教育委員会にかかわることがあったとすれば、文部科学省と折衝しなければなりません。農業委員会にかかわることについて何かの改正をしようと思っていたら、農水省と折衝しなければなりません。

そのようにさまざまな問題はみんないろいろな省庁に関連しています。関連している省庁と全部話し合いをしなければなりません。これを「省庁間折衝」と呼んでいます。ある省庁が何かの法案、政策をこれから打ち出そうとしたならば、関係する省庁と全部、協議を積み重ねます。何十回となく、これを繰り返します。

そしてその間に、「反対だ」というところから始まる。どうしたら賛成してくれるのか。少しここを変えろとか、いろいろな要求が出てきます。そのうちで取り入れてもいいと思うことは取り入れながら、だんだん反対論をなくしていきまして、関係省庁が全部「まあ、やむを得ない。これならば仕方がない。反対はしない」というところまで、案を煮詰めなければなりません。これが全省庁の合意の形成です。

そこで、ある省庁が「どうしてもその改革は認めない、賛成できない」と言って突破できなくなったならば、この法案をあきらめます。もう出す見込みがない。どうしても省庁間の合意が成り立たなければ、もともと立案した省庁はそれをあきらめて断念せざるを得なくなります。

2　政府与党間折衝

この省庁の合意が大体できそうだと分かってきましたら、その時点で、例えば、建築基準法の改正なら国土交通省の関係課長補佐、課長、審議官、局長たちが「政府与党間折衝」を始めます。これは与党である政党の了解を得ることです。

自民党の政務調査会各部会

まずは、ほとんどの時期、自民党が与党第一党でいたわけですから、何よりも自民党の同意を得ることが大事ですが、自民党の場合には「政務調査会」に省庁の縦割りとほぼ一致した部会が設けられています。その自分たちが関係する部会に持っていきまして、部会の先生たち一人一人に細かく説明しまして、この人たちの了解を得ていくという仕事をします。

ここにいる人たちが、だんだんその省庁の仕事のプロになってきている人たちで、世の中で俗に言う「族議員」になるわけです。この族議員たちの了解を取らなければならない。スムーズに了解が取れるとは限りません。「私はこの点に関してはどうしても異論がある、賛成できない」と言う先生がいる。何とかしてその先生の同意を得ようと思ったら、何かを変えなければならないのなら変えることも起こります。原案に修正を加えることをします。そうやって部会の了解を取り付ける。

政調審議会

部会が了解したとなりますと、政調会の最高機関である「政調審議会」にかける。これは政調会長、そして副会長と呼ばれる幹部の人たちが集まっている会議です。これは全省庁にわたっている人たちが集まっているのですが、ここが了解するかどうかが次の壁です。ここでもまた修正要求が出ることがあります。

総務会

ここも通過して決定してくださったとなると、最後は自民党総務会に持っていって、ここのご議論をいただきます。これは最高幹部が集まっているところで、ここがＯＫと議決しますと、それは自民党の政策をそこで決定したことになります。与党として法案に賛成するという最終決定をしたことになるのです。

3　事務次官等会議　――各省庁は拒否権を保有

ここまでいって与党にも反対論がなくなったことが確認されますと、初めてこの法案を、全省庁の事務次官等が集まる事務次官等会議に持ち出します。これは各省の官僚のトップが集まっている会議です。ここは大体、出てくる議案、出てくる議案、「異議なし」となって、儀式のように進むのです。

しかし、その儀式の場で、国土交通省の事務次官が「ちょっと待ってください」と手を挙げる。「その案件についてわが省庁はまだ最終的に了承はしていない。まだ折衝中のはずです。問題がまだ残っているはずです」と発言をなさったならば、その議案は当日決定されません。「何だ、話がついていないのか。

それじゃ、ここへ持ってくるのがそもそも間違いだ。もう一度差し戻す」と省庁の人は表現します。ですから、省庁間で折衝しているときに話がなかなかつかない。「あの省庁はごちょごちょ言っているけれど、このままいっちゃえ」と思う省庁があったとしますね。そのとき、「そんな乱暴なことをするなら、うちの次官に手を挙げてもらう」「反対という意思表示をするよ」となります。意思表示が1人でもあったら、それで終わりです。差し戻しです。これが長年作り上げられてきた慣習になっています。だからこそ、事務次官等会議で次官が手を挙げるなどということが起こらないように、「異議なし」でいくように、事前に十分に合意を取らなければいけないのです。

4 閣議決定

この事務次官等会議で「異議なし」と議決されますと、初めてその翌日に開かれる閣議に上程されます。閣議も次々に法案名を読み上げるだけ、「意義なし」です。あとは総理大臣が署名する、関係大臣が署名するという署名行為を一生懸命やっていらっしゃるのが正式の閣議です。

それが終わると、あとは閣僚懇談会に移りましょうと、ちょっと自由な議論がなされます。閣議も全員一致が長年の慣習ですから、この最後のところで関係大臣が「ちょっと待て」と反対を言ったならば、閣議決定はできません。それはまた差し戻しになってしまう。これが、日本で戦後確立されてきた政治の仕組みです。

この仕組みはどういう意味を持っているかというと、各省庁が拒否権を持っている。一つ一つの省庁が「ノー」と言ったら、ものごとは止まるという意味合いを持っています。これでやってきました。ですから、全省庁が合意し、与党も合意したという法案しか取り上げられない。大きな改革になればなるほど、必ずそれだけ大きな抵抗勢力が形成されます。その人たちが反対と言います。そういうことは閣議決定できないという仕組みでやってきたのです。これで果たして日本の政治を変えていけるか、日本の社会構造・経済構造を大きく変えることが可能か。それが現在問われている、日本の大きな問題点です。

そういう仕組みになっていましたからこそ、橋本総理は「現実的で実行可能な勧告を望む。閣議で決定できないような勧告を出されても困る」と一生懸命おっしゃって、わが委員会を牽制され続けたのです。

4

地方分権推進委員会の二つの挫折

さて、第4回目の勧告まで、私たちは、このルールに忠実に従ってぎりぎりやれることをやってきました。しかし、私たちは、最後の段階で二つの大きな挫折を経験しました。

1　第一の挫折　―第5次勧告

私たちは、第4次勧告をもって今回の分権改革を終わりにしたいと思っていました。

しかし、「もうひと骨、折っていただけませんか。第5次勧告を出してもらえないか。国の権限をできるだけ都道府県以下に下ろす方法を考えてもらえないか」という、橋本総理じきじきのご指示がありました。

本当は、そういうことをやろうとしても関係省庁が強く抵抗するだろう。私たちは、成功する見込みがないので、やりたくないと思っていました。しかし、委員長も引き受けてしまいましたので、いよいよ始めざるを得なくなりまして、第5次勧告を目指した作業を始めました。

「国の事業・権限を縮小してください」というのが総理のご要望ならば、少なくともその一環としては、公共事業関係の問題を取り上げざるを得ないと考えました。今議論になっているような公共事業を縮小しようと、私たちは言ったわけではありません。そうではなくて、国の各省庁とその出先機関が直轄でやっている事業、公共事業をこのまま続けていくにしても、この国が直轄でやっている事業の範囲はもう少し縮小してもいいのではないか。それを都道府県に移譲していいのではないか。都道府県にやらせて十分可能ではないか。

そこで、この公共事業の国直轄事業の一部を都道府県に移管することに関して、公共事業関係省庁と折衝しました。当時の状況では、建設省、農水省、運輸省という3省庁、現在で言えば農水省と国土交通省です。この公共事業3省庁は、これに頑強に抵抗しました。自民党の族議員を全部大動員しまして反対をしました。

そのうち、自民党の先生たちが「もう、地方分権推進委員会との交渉の席には出るな。呼び出されても行くな。われわれが、党がいいと言うまで行くな」と禁足令を出されました。そうしたら、もう交渉にならないわけです。党の先生にそう言われているから、あなたたちと話し合う場には出ていけませんというわけで、折衝が全く成り立たなくなってしまいました。ですから、この第5次勧告は出しましたけれど、中身があまりない勧告に終わらざるを得なかった。この時、私は政治の大きな壁を痛感しました。

2　第二の挫折　―国庫補助負担金の大幅縮小と税源移譲

もう一つは、委員会がそろそろ解散するかという時期になりまして、委員会自体がどうしてもこれだけはもう一回やりたいと、思ったことがあります。

それは、現在は「三位一体の改革」という名前で行われようとしている事柄です。つまり、地方税財源の充実をすることです。仕事に見合った地方税収入をもう少し増やさせよう。それには、国庫補助負担金を縮小して、現在より減らして、その代わり国税から地方税への税源移譲をさせよう。そして、それに見合った地方交付税制度の見直しをする。

この問題について、それ以前にわれわれが全く何もしなかったのかというと、そうではありませんで、第2次勧告では国庫補助負担金の計画的な縮小を求める勧告を出しています。

しかし、この当時、国側は「制度的な補助金」と「その他補助金」という区分けをしまして、この計画的な削減の対象は「その他補助金」だけに限るとしました。そこで、各省庁が何をしたかというと、「これは制度的補助金です」とみんな「制度的補助金」に区分けしてしまう。「その他補助金」の範囲はどんどん小さくなってしまう。

この小さくなったものの何％ずつを毎年削減することは忠実に行われたのですが、微々たる金額になってしまう。その結果、とても国税から地方税への税源移譲を求めるような、まとまった財源にならないという状態が続きました。この方法ではできないと、私たちは痛感しました。

そこで今度は発想を全く逆転させて、まずは「国税から地方税への税源移譲」を先に決めてしまう。税源が移譲されてしまうと、国税として国の金庫に入ってくるものが減ります。国は収入が減ってしまいます。国の予算にその余裕がないわけです。そうしたら、自然とどこかを減らさなければいけなくなってしまったら、今までのように大幅な国庫補助負担金を各省庁が地方に出すことができなくなっていい。切らなければいけなくなっていくだろうと考えました。それは国の責任で、何を切るべきか国が考えなさい、と。

ともかく、「税源移譲だけ先に決めなさい」という趣旨の「最終報告」を出しました。もちろん、私たちはこれを、内閣が尊重しなければならない義務のある勧告にしたかったのです。そして、何とか実現を図りたかったのです。最後のぎりぎりまで、当時の大蔵省、こんにちで言えば財務省と折衝を繰り返しました。何十回という会合をやりました。しかし、財務省は絶対にウンと言いませんでした。税源移譲という言葉を書くこと自体に絶対に同意しないと言って、反対しました。

そこで、私たちはこれを勧告にはできないとあきらめまして、「提言」というかたちで最終報告に盛り込むという譲歩をせざるを得ませんでした。「提言」ですから、内閣はこれを尊重する義務もないという文書になってしまいます。

「提言」なのだから、「われわれの自由に言わせろ」と主張したのですが、大蔵省は、提言であっても「税源移譲」という言葉を使うことを絶対に認めないと最後まで抵抗しました。でも、「提言」なのだからと、われわれは頑張りまして、最後にそれを書きました。でも拘束力のないものですから、内閣はこれを取り上げず、閣議決定などは一切なされなかった。これもまた、もう一つの大きな挫折の経験でした。

3　「21世紀臨調」への参画を決意

そこで、私は地方分権推進委員会の委員を２００１年で終えることになりましたが、終える前から、「分権改革はここまでやったけれども、これ以上まだやらなければいけないことが山ほどある。しかし、そのどれを取ってみても現在の日本の政治の仕組みの下では無理だ。これ以上動かない」という思いを強く持ちました。

従って、これ以上の分権改革をしようと思ったならば、まず、現在の政治の仕組み、政治構造を変えることをやらないと、分権改革は進まないのではないかと考えるようになりました。これは私の個人的な考えです。そう強く思いましたので、当時お誘いのあった「21世紀臨調」に私も加わって、政治改革運動にも足を突っ込もうという決断をしました。

その後、この時に私どもが出した「最終報告」が、実は新しく設置された政府の機関である「経済財政諮問会議」で取り上げられるようになります。

これは財務大臣も総務大臣も入っている会議ですが、総務大臣に就任した片山虎之助氏が「片山プラン」を提出しました。これは、われわれの「最終報告」で言った提言に沿ったプランでした。これを会議に持ち出して、財務大臣と大げんかをするところから始まりまして、こんにちの「三位一体の改革」にやっとつながってきている。これは、官僚の世界では絶対に動かなかったことが、政治家が中心になって動き出して初めて動くようになってきたことを示しています。

5

その後の「政治改革」の流れ

1　橋本行政改革

それでは、「政治改革」は選挙制度改革以降、どうなっていたのでしょうか。「政治改革」は何もなされてこなかったのではなくて、いろいろ行われてきました。橋本総理は、我々「地方分権推進委員会」に結構大きな歯止めを掛けましたが、しかし改革に不熱心だったわけではなくて、それなりに日本の政治をこのままでは駄目だと思っておられた。橋本行政改革、「橋本行革」と言われるものを自ら会長になってまとめられました。

そこで行われた主たることは、

①　内閣機能の強化

各省庁が反対したら何もできないなどということでは日本の政治はどうにもならない、内閣機能の強化が必要であると、総理自身が思っていた。

②　**中央省庁の再編成**

従前の１府23省庁体制を１府12省庁体制に変更しました。

③　**独立行政法人制度の創設**

企画と実施の分離を理念とし、実施機関をできるだけ中央省庁から独立した機関に変えるため、独立行政法人制度を新しく作る。これが更にその後は、国立大学もみんな国立大学法人にしてしまうことになった。

④　**政策評価制度を新たに導入**

それらが橋本行革の中心でした。

2　小沢構想

自由党の党首であった小沢一郎氏が長年掲げてきた改革構想がありました。当時の橋本内閣は自由民主党と自由党の連立内閣になっていましたから、その連立の合意で小沢さんが主張していたことも併せて実現されました。

小沢構想の骨子は、

①「副大臣・大臣政務官制度」の導入

各省の大臣の下に副大臣・大臣政務官という複数の国会議員を配置して、各省のトップを強化する。

②「政府委員制度」の廃止

国会で局長クラスが大臣に代わって答弁するという政府委員制度を原則的に廃止する。大臣なり、副大臣や政務官、政治家が責任をもって答弁する制度に替える。

③「党首討論制度」の導入

国会の衆参両院で、与野党の党首討論制度を導入するという改革です。

この小沢一郎氏の改革構想は、ほとんどイギリスの議院内閣制をモデルにしているもので、イギリスで行われていることこそがいいと考えて、それを日本に持ち込もうとしたものと言えます。こうしたことが併せ実行されました。

3　最も重要なのは、橋本行革による「内閣機能の強化」

その後のことで、今回のお話に最も関係のあるという点で重要なのは、このうちの橋本行革による「内閣機能の強化」だろうと思います。

①　首相の閣議への基本方針の発議権

首相自身が閣議に基本方針を発議、提案しまして、閣議決定を求めるという権限を首相に認める。議院内閣制を採用しておりますと、外務省に関連する案件は外務大臣の権限であり、財務省に所属している仕事の権限は財務大臣にある、文部科学省に属していることは文部科学大臣にあるわけで、首相にあるわけではありません。

首相が直属で持っているのは内閣官房と内閣府です。内閣府に属している諸機関については、内閣総理大臣自身が主任の大臣ですから、そこについては内閣総理大臣の所管です。しかし、外務省も財務省も、国土交通省も文部科学省もそうではありません。

従来は、首相の権限に属していないことについて首相が発議する権限はないと考えられていました。しかし、そうではなくて、全省庁に横断的にまたがるような基本方針を閣議で決めよう。そのことについては、外務省や財務省にわたることであっても、総務省に関係することであっても、首相が発議できる。内閣府に所属することは、昔から首相に発議権がありました。でも、ほかの大臣に属していることについても、首相が物を言い出す、提案する権限を認めたのです。

②　経済財政諮問会議の創設

この基本方針にはいろいろな基本方針があり得ます。外交、国防の基本方針もあり得る。科学技術振興の基本方針、あるいは人事運用の基本方針もあり得る。そういう一環として経済財政運営の基本方針があります。この経済財政運営の基本方針は、新しく内閣府に設置された経済財政諮問会議が策定することにした。ここが大きな改革だったのです。

4　小泉内閣が「橋本行革」の成果を活用

この橋本行革によって成立した改革が、実際に法律改正がなされて新たに発足して動き始めた時点は小泉内閣が誕生した時期とほぼ重なっています。

実は、この「橋本行革」の改革の成果を初めて使ったのは小泉内閣なのです。小泉内閣以来、いろいろな変化が起こっている。それは皆さんも感じておられると思います。

① 経済財政運営及び構造改革に関する基本方針（骨太の方針）

まず、経済財政運営の基本方針を決めることですが、小泉内閣は単に経済財政運営の基本方針ではなくて、経済財政運営及び構造改革の基本方針を決めるという方針を作ってしまいました。この構造改革まで含めて全部、経済財政諮問会議が議論して決める。行革のテーマがほとんどそこに入ったわけです。そして、それを例年6月に決める。これがいわゆる「骨太の方針」と呼ばれるようになったものです。ここで、年末に策定する明年度の予算編成の大きな枠組みをまず6月段階で決めてしまう。その中に構造改革問題も全部含めてしまうという使い方をするようになった、これが一つです。

② 事務次官等会議のバイパス

経済財政諮問会議の議長は内閣総理大臣自身になっているのですが、小泉さんはこれに最も熱心に出席しています。この首相自身が出席している経済財政諮問会議で「骨太の方針」の案が決定しますと、次の閣議に直ちにそれを提出しまして、閣議決定をしてしまうというやり方がとられるようになりました。

つまり、これは何を意味しているかというと、このルートに乗ったものについては、閣議の前日に開いている事務次官等会議が無意味になりました。事務次官等会議をパスして初めて閣議に出てくるのが従来の厳然たるルールですが、そのルートを通さずに閣議に来てしまう。

「骨太の方針」の中に、例えば道路公団等民営化の問題についての基本方針が書かれた。それに国土交通省は一貫して反対だった。従来のルールでやっていって、省庁間折衝をやって事務次官等会議に来るならば、道路公団等民営化は絶対にできなかったはずです。国土交通省が最後まで「ノー」と言ったらできなかったはずです。それが別のルートで閣議決定に来ている。

郵政民営化も同様です。郵政省はなくなってしまって、総務省の中に郵政公社等を監督する部局が残っているのですが、その旧郵政省の部局は郵政民営化に最後まで抵抗し、反対していました。しかし、それが総務大臣の見解として述べられない。拒否権を失って、「骨太の方針」の中に書き込まれ、閣議決定になって、内閣の方針として確定してしまいました。

③ 自民党総務会のバイパス ―自民党内「抵抗勢力」の誕生

そこで問題になったのが、自民党内の「抵抗勢力」という問題です。従来は、国土交通省が反対と言えば、そこで止まりましたから、道路族が出てきて反対と言う必要がなかったのです。しかし、国土交通省の壁は突破されてしまった。あとは、反対するのは自民党の道路族です。

郵政省が壁になって阻止しただろうと思われるものが阻止できなかった。内閣によって突破されてしまいました。そこで郵政族の議員が出てきて、「そんなこと、認められるか」と言い出した。「内閣がそんなことを勝手に決めたって、党と全く相談していないじゃないか」。

つまり、すでにご説明した政府与党間折衝をきちんとやっていないじゃないか。やっていないまま、閣議決定するとは何事か。従来の慣習に反しているではないか。党との手続きを無視した決定には、与党は従えない。そういう法案を閣議決定して国会に出してきても、与党である自民党がつぶしてしまう。「つるしてしまう」という表現をしますが、審議に入らないということです。「そうしたらできないよ。やるの?総理大臣、やってごらんよ」と言い出したのが「抵抗勢力」です。

つまり、従来は省庁と族議員が抵抗しているものはできないということだったのですが、官僚の壁がなくなった。そして、自民党の抵抗が前面に目立ってきてしまった。これが「抵抗勢力」という問題です。

④ バイパスの成果 ―道路公団等民営化、郵政事業民営化

そこで、首相は何と言ったか。「与党である自民党の政調会部会、政調審議会、総務会にあらかじめ相談するのは従来の慣習でしかありません。自民党自身が使ってきた慣習でしかない。憲法にはそんな定めはどこにもありません。国会法にも内閣法にもありません。何の法律にもそんなことは書かれていない。内閣は、内閣が決定して国会にこの法案を出すと言ったら、出せる。だから私は出します。自民党、

総務会などにかけないで出しますよ。反対するなら、国会で反対してごらん」。そう言って、強行突破したのが小泉首相です。このやり方で初めてできあがったのが、道路公団等民営化や郵政事業民営化です。従来の「省庁間折衝」をバイパスし、「政府与党間折衝」をバイパスしてしまった。これが小泉政権になって起こった大きな変化です。

実は分権改革も未完ですし、政治改革も未完でして、小泉政権の下で従来の慣習が徐々に崩れ出しているという部分がありますが、それはまだごく一部です。総理自身が政治生命をかけるようなごく限られた案件についてだけ、このバイパスが使われ、強行突破されている。その他のほとんどの案件は全部従来どおりの手続きで、今も決定されているのです。これで日本の構造改革ができるのだろうか。私には大きな疑問であります。

分権改革もそうですが、それのみならず、変えなければいけないさまざまなことを本当に変えられるのだろうか、疑問です。私は「21世紀臨調」でもっと根本的なところから変えなければならない。内閣と各省庁の官僚機構との関係も変えるべきことが多々ありますが、内閣と与党の関係も変えなければいけないと言っております。内閣と国会の間の関係も変えなければいけないことが多々あるのではないかと思っております。この点は、巻末【資料1】（77頁）をご覧いただければ、私が何を考えているか、もっと詳しくおわかりいただけると思います。

6

「三位一体の改革」は第二次分権改革、「道州制」は第三次分権改革の要

今進められている「三位一体の改革」は第2次分権改革の最も大きなテーマで、これが成し遂げられれば、それは大きな第2次分権改革と呼ぶべきものだろうと思っています。

そこに新しく、第28次地方制度調査会から道州制に関する答申が出されています。これについて深く触れる時間はありませんが、仮に今後実現されていくとしても、それはもっと先の、第3次分権改革の要になる改革であろうと思われます。

1　道州制とは何か

この道州制とはどういう制度か、本当は誰にも答えられない。過去、実は戦前から「道州制」という言葉はありました。そして、これが道州制だという提言は過去にたくさん、さまざまな団体から出されています。その構想の中身は全部違っています。ですから、道州制とはこういう制度だと誰にも言えないのです。どういう道州制のことですかと、まず確認しなければならない。それが最も重要な問題だと申し上げたいと思います。

2　第28次地方制度調査会の「道州制答申」をどう受け取るべきか

そして、今回、第28次地方制度調査会が答申を出したのは、第28次地方制度調査会が「次のテーマはこれだ。これこそがやるべきことだ」と深く確信して出したわけではありません。むしろ与党から、内閣から、そして内閣総理大臣から「それを調査審議せよ」と調査会に命じられてしまいましたので、それにお答えした。宿題に対する答案を出したという、受け身で作った答申であることをまず申し上げておきたいと思います。

それでは、消極的で何の意味もないのかというと、実はそうではなくて、「もし道州制を政治家が本気になっておやりになるつもりならば、せめてこういう道州制にしてほしい」と言っていると思ってください。なぜ、そのことを強調しているのかというと、実は自民党の中にそうではない議論が横行しているからです。

自由民主党の中には、「道州制推進議員連盟」という議員連盟がありますし、「道州制調査会」もありまして、いろいろな審議を重ねてきています。そこで次々と出てくるさまざまな構想は、私たちから見ると非常に問題の多い構想でありまして、「分権改革」を逆行させる、「分権改革」の趣旨に反するような構想がたくさん打ち出されている。それは困る。それだけは絶対にやめてほしい。「もしおやりになるのなら、こういう道州制に」と書いたものが、第28次地方制度調査会の答申だと思ってください。

従って、この答申どおりに道州制が実現されるのであれば、「分権改革」を更に前に向かって促進する改革になると言えると思っています。ただ、この答申に書かれたことと私個人の道州制構想との間には、まだかなり大きな開きがあります。私個人の見解とは違う点が多々あります。そこで、私個人はどう思っているかは、巻末【資料2】（92頁）を見ていただくと、私の考え方がおわかりいただけると思います。

地方制度調査会答申のとおりにいけば、一応、「分権改革」は前進すると私は思いましたので、最終的には賛成しました。しかし、やるのなら、もっと分権的な道州制にするためには、こういう配慮が要るのではないかと書いているのが私個人の意見のほうだと理解していただきたいと思います。

この種の道州制を実現するのは簡単なことではありません。ほとんど全省庁が必ず反対します。なぜならば、国の本省と出先機関を大幅に縮小しようとしている案、国が今までやってきた仕事のかなりの部分を「道州」という新しい地方公共団体に下ろしてしまう。これまで都道府県がやってきたかなりの仕事の部分を市町村に下ろそうと言っているのでありまして、国の関係機関から言えば、仕事の縮小です。ということは、国家公務員が不要になりまして、国家公務員の大きな縮小です。国が必要とする財源も大きく縮む。国の予算は縮小する。

こういう改革案に各省庁が賛成するわけがない、全部反対なさると思っていいのです。それにもかかわらず、やれるのですかということです。全省庁がほとんど反対と言っていることを、それでも、これはやらなければならないと内閣が決定して、全省庁の反対を押し切ってでも内閣は法案をまとめて国会に出すという力があるのでしょうか。そういう力を持った内閣が生まれない限り、実現はあり得ません。これはそれだけの大改革です。

これまでの分権改革などと比べ物にならないほどの大きな、「国のかたち」の変更です。容易なことではない。少なくとも小泉政権並みのリーダーシップを持った内閣でない限りあり得ないことですし、あるいは、小泉政権以上に強力なリーダーシップを持った内閣が誕生しない限りあり得ないと考えていただきたいと思います。

おわりに

「政治改革」と「分権改革」は裏表の関係

今日、私が申し上げたいと思ったことは、「政治改革」を進めるためには「分権改革」が必要だ、もっと分権的な構造に変えない限り、日本の政治は根本的には変わらないという側面がある。しかし、「分権改革」をこれ以上進めるためには、今の政治の仕組みのままでは進まない。「政治改革」をもっと進めないと、「分権改革」は進まないという関係もある。両者は裏表の関係になっておりまして、どちらかから一つずつ崩して前進しないと両方とも進まない関係にあるということをぜひ頭の中に入れていただきたい。

なお、小泉内閣以上に強いリーダーシップを持った内閣が生まれなければ道州制はできないと言いましたが、問題は道州制に限らないのでありまして、日本は今、大きな転換期になっていると思います。明治維新、戦後改革に次ぐ大きな「第三の改革」を必要としている時期になっている。これは１９９０年代から既に始まり出しているのですが、私の予想するところ、30～40年かかる改革だと思っていますので、２０２０年代、２０３０年代まで続く改革ではないかと思います。

必要な「明治維新」「戦後改革」なみの大改革

もうすでに「改革疲れ」などという言葉がささやかれていますが、とても止められるような話ではなくて、まだまだ変えなければいけないことだらけなのではないか。明治維新がどんなに大きな世の中の変革だったのか、戦後改革がどんなに大きな変革だったたか、皆さん、よく考え直してくださればおわかりになるのですが。この日本の国、社会はそれ並みの改革を必要としていると思います。いろいろな意味で社会構造、経済構造を変えなければいけないのですが、それを変えるのはすべて政治です。

それだけの大改革ができる政治の仕組みになっているかが問題であって、そのために政治構造改革が必要だとなっているのです。政治構造改革が究極の目標ではありません。政治が変わってもらうことによって、社会構造や経済構造を変えるという改革を何とかしてしなければならないというために申し上げていると理解していただきたいと思います。
これで私の本日の話を終わらせていただきます。どうもご静聴、ありがとうございました。

本稿は２００６年7月18日(月)に開催された山梨学院大学創立60周年記念学術講演会の記録に補筆したものです。

【資料１】

平成13年11月８日

首相主導を支える政治構造改革に関する提言

～与党審査の見直しと内閣、政党、国会の再構築～

新しい日本をつくる国民会議（21世紀臨調）

目　次

議の事前承認慣行の廃止

第2　国会運営における内閣のリーダーシップの確立

1　内閣の法案審議への協議権の確立

副大臣、政務官の衆議院委員会理事としての参加

副大臣、政務官についての内閣総理大臣の人事権確立

2　議長権限の強化と内閣代表の出席

議長が直接主催する新しい議院運営委員会の実現

議院運営委員会への内閣代表の出席権、協議関与権の確保

非公式な政党間折衝機関である「国会対策委員会」の廃止

3　会期不継続原則の廃止

常会の会期延長等による「通年国会」の実現

会期不継続の原則の廃止

逐条審議の導入～議論することが最大の抵抗手段となりうる新しい審議の仕組み

第3　党議拘束の緩和

1　法案提出前における「事前」党議の自粛～国会審議における自由な討論の保障

2　党議拘束は本会議最終表決段階における投票態度の統一手段に純化

3　法案の性格により軽重をつけ、党綱領、選挙公約以外は対象外

第4　議員と官僚の関係の正常化

1　仲介、斡旋のための議員と官僚の接触の禁止

2　官僚が個々の議員個人と接触した場合の報告義務

3　右を閣議で申し合わせると同時に与党側も決議

第5　「内閣主導」から「首相主導」へ

1　閣僚懇談会の廃止と閣議の実質化

2　大臣、副大臣、政務官を含め政治任用職その他特別職職員の定数の弾力化

3　審議官級以上の高級官僚の人事権を首相権限に

4　内閣官房、内閣府を首相の補佐機構に再編

5　各党のシンクタンクの創設

【資料１】　首相主導を支える政治構造改革に関する提言（21世紀臨調）

基本認識

１　小泉首相が直面する政治構造上の課題

今日、日本は危機的状況にある。政治、経済、社会の国際的な変化にたいし日本型といわれてきたシステムは明らかに機能不全を起こしている。この危機的状況を乗り切るには抜本的な構造改革が必要なことは誰の目にも明らかであり、それにたいする処方箋もすでに数多く提示されている。しかし、問題が表面化して以来、長い歳月を経たにもかかわらず、必要な改革は遅々として進んでいない。

「聖域なき構造改革」をスローガンに登場した小泉内閣は国民の圧倒的な支持を背景に、この問題に正面から取り組もうとしている。しかしそのためには、首相を中心とする内閣の力強いリーダーシップの確立が不可欠であることは誰の目にも明らかであるにもかかわらず、現実の政策決定の仕組みはあまりにも多くの問題を抱えており、それ自体が、構造改革の最大の阻害要因になりかねないことが憂慮されている。

なかでも、「本来的な首相権限の行使」を標榜する小泉内閣が直面しているのが、「政府・与党二元体制」の存在であり、戦後の一時期から制度化されるに至った内閣提出法案（閣法）にたいする与党による事前審査・承認慣行にほかならない。

今日に至ってそれは、首相主導による政治的リーダーシップ確立の隘路となり、決定と責任の所在を曖昧にし、不透明で国民にわかりにくく、時間ばかりを浪費する日本政治の体質を生みだし、その一方において、国会の深刻な空洞化をもたらしている。しかも、こうした日本独特の与党優位の手続きこそが議院内閣制本来の姿であるかのような理解が広く一般に浸透し、そのことが、本来的な首相権限の行使を保障するための環境整備をさらにいっそう困難なものとしている。

2　核心課題としての与党審査
～内閣と並立する「与党」という存在の再検討～

われわれは、かねてより、いま日本政治に求められている政治主導とは「首相を中心とする内閣主導」のことであり、政治家個人が個々の行政決定に介入する「政治家主導」でも、政権入りしていない与党議員や与党機関が内閣や省庁の政策を左右しようとする「与党主導」でもないことを繰り返し主張してきた。

われわれの主張する「首相を中心とする内閣主導」とは、「政府と与党の指導体制を首相を中心とする内閣のもとに一元化する」ということであり、いいかえれば、議院内閣制の長所をいかんなく発揮することができるよう本来の制度原理に立ち戻るということにほかならない。

よく知られるように、英国では、政権は内閣のもとに一元化（内閣一元）され、そもそも内閣と並立して存在するような「与党」という観念も、日本でいうところの与党審査という手続きも存在しない。またドイツでは、閣法は直接政府から議会に提出され、一般の与党議員は議会審議が始まるまで公式にはその内容に関与しない。与党会派による審査はあるものの、それはあくまで議会での審議が始まってからのことである。

ところが、日本の場合、内閣のほかに「与党」という独立した機関が別個に分立した形で存在する「政府・与党二元体制」が常態化し、内閣が提出する法案（閣法）はかならず与党による事前の審査（与党審査）を受け、総務会における決定（党議決定）を経てから閣議決定され、国会に提出される慣行が厳格に制度化されている。

このような与党による事前審査の手続きは、その他の議院内閣制諸国には見られない日本独特の慣行であり、五十五年体制の成立以降、自民党一党優位体制のもとで一九六〇年代頃から逐次的に制度化され、オイルショック後に完成したものであって、いかなる意味においても、議院内閣制の仕組みがその制度原理として求めているルールや手続きではないことを、この際、はっきりと確認しておく必要がある。

3 与党審査による「国会の空洞化」と日本独特の党議拘束

さらに、与党によるこのような事前審査が国会審議を空洞化させ、国会の「法案処理機関化」に拍車をかけていることも忘れてはならない。与党議員からすれば、法案の実質的な審議や政治的調整は国会審議に入る以前の与党審査の段階で事実上終了しているため、国会審議は法案を、できるだけ修正なしに速やかに成立させるための儀式でしかない。

また、与党審査によって総務会で法案の承認をおこなえば、それがすなわち「党議」となるため、以後、所属議員の言動は全立法過程を通じて過度に拘束され、国民注視の国会の場で生き生きとした論戦が闘わされることを著しく制約する結果を招いている。

英国では、党議とは、委員会における与野党議員の自由な討論と活動のあと、本会議における最終表決にあたって意思統一をはかるものであり、それに先立つ本会議、委員会での所属議員の自由な発言を拘束するものでないことはよく知られている。また、ドイツでは、そもそも党議自体が憲法で禁止されているうえ、かりに党議に類似する縛りがかけられるにしても、それは議会における徹底審議の末、会派単位の最終的な意思確認の手段としておこなうのを通例としている。

今日の日本政治は、いわば「与党」という存在が議院内閣制の制度原理から逸脱するほど権力機構化し、「首相を中心とする内閣主導」の実現を困難にするとともに、その一方において、本来国会内でおこなわれるべき実質審議の過程を院外に流出させ、制度的な制約のはるかに少ない与党審査に担わせる状況を生み出しているのであり、ひいては、政党や国会議員のあり方をも歪めていることを再認識する必要がある。

4 連立与党間協議という新たな与党審査の弊害

こうした日本独特の「与党」という存在による事前審査は、連立政権時代に入り、かつての自民党単独政権時代以上にその弊害が目立ちはじめている。自民党単独政権時代の与党審査はもっぱら自民党内の問題であった。しかしながら、連立政権の下ではそれぞれの与党内のほか、連立与党間協議が事実上の事前審査機関としての役割を果たし、しばしば政権維持目的に無原則な妥協や取引きがおこなわれる一方、その場で成立した政治的合意については、数の力によって妥協の余地なく強引に国会を通過させるケースも増えている。

これは、自民党単独政権時代の内閣と与党との関係が見直されないまま連立政権時代に移行し、与党審査の仕組みがきわめて屈折した形で連立を組む与党間の協議に受け継がれた結果にほかならない。今日では、内閣よりも連立与党間協議という新たな事前審査機関が政権の求心力となり、「政府・与党二元体制」の問題をよりいっそう複雑かつ深刻なものにしている。

また、自民党単独政権時代であれば、与党審査の結論はしょせん一党でのことであり、国会での強行はしばしば単独審議となって世論の厳しい批判を浴びた。しかし、連立政権時代に入った今日では、与党による事前審査は複数の政党による合意となることから、国会で強行したとしても単独審議とはならず、場合によって、野党一党が「単独審議拒否」をおこなうという滑稽な現象さえ生じている。残念ながら連立政権時代に入って国会は、クエッションタイム等の新しい試みは見られるものの、全体としてさらにいっそう空洞化していると言わざるをえない。

5　首相主導を可能にする新しい仕組みの必要性

戦後政治のなかで与党による事前審査・承認慣行が制度化されるに至った背景には、それを必然としたさまざまな事情がある。したがって、与党審査の見直しはその弊害を指摘するだけでは問題解決にはならず、それが制度化されるに至った理由を解きほぐし、首相主導を担保する新しい仕組みやルールを提案していくことが同時に求められる。

たとえば、与党審査成立のプロセスには、それを求める「与党側の要求」と「官僚側による与党の取り込み」という二つの力学が働いてきたことを見逃してはならない。与党側の要求とは、すなわち、政府・与党の二元体制にあって政調会を中心とする与党審査過程こそが与党議員のいわば「うまみ」で、族議員政治の温床であったということであり、官僚側による与党の取り込みとは、そうした与党議員の心理を熟知しつつ、国会審議前の与党審査過程で与党側を取り込み、政治的調整を済ませておくほうが、国会審議の場で与党修正等をなされるよりはるかに予測可能性が高く、合理的であったことを示している。

そして、こうした「与党側の要求」と「官僚側による与党の取り込み」を可能とした背景に、内閣が与党に依存せざるをえない日本独特の国会の仕組みがあること に、①「国会の自律権」を過度に強調する戦後の行き過ぎた「三権分立的」発想のもと、②法案審議は国会の専権事項とされ、法案を提出した内閣自体には国会の審議スケジュールに関与する公式な手段はなんら与えられず、与党に頼らなければ何ごとも進まないという「与党依存の国会運営」が定着し、さらに、③日本の国会が採用している会期制、会期不継続の原則により、内閣の側からすれば、限られた短い期間のなかで大量の法案を荷崩れすることのないよう通過させねばならないという物理的事情がその背景にあることは、長年の政治改革論議のなかで幾度となく指摘されてきたところである。

小泉首相は就任以来、「首相を中心とする内閣主導」で日本が直面している諸課題に取り組む決意を再三にわたり表明している。もしも、その決意が本物であるとすれば、小泉首相は遅かれ早かれ、われわれが指摘した政治の構造問題と正面から対決せざるをえない。

この意味で、いま小泉首相に何よりも求められるのは、「政策の構造改革」と与党審査の見直しをはじめとする「政治の構造改革」とを戦略的に組み合わせながら進める本物の「骨太の方針」であり、それをチームとして推進する体制の整備であるといっても過言ではない。

6　党派を超えた取り組みを
～「政治主導確立大綱」の制定～

小泉首相だけではない。より重要なことは、これから政権を担おうとする野党も、与野党の次の世代のリーダーも、自らが政権を担当し、あるいは首相に就任したあかつきには、必ずや、小泉首相と同様の問題に直面するのである。この意味で、われわれが指摘した政治の構造問題は次の時代を担おうとするすべての政党、政治家が共有すべき課題であり、党派を超えて新しい仕組みの創造に取り組まねばならない時期を迎えている。

われわれは、以上の認識のもと、一刻の猶予も許されない現下の危機的な状況を踏まえ、政治主導体制を「内閣主導」から「首相主導」へとさらに飛躍させるためにも、与党審査の見直しによる内閣一元の実現と官邸機能の強化、これにともなう内閣、与党、国会の関係の再構築にむけて、超党派で取り組むべき当面の政治構造改革の課題を示し、①法改正を待たずとも直ちに取り組むことのできる運用面での課題に加え、②必要とされる内閣法、国会法など関係法制の改正を盛り込んだ「政治主導確立大綱」（仮称）を策定し、包括的な推進基本法の制定をも視野に入れた改革推進体制の構築を求めるものである。

提　言

第1　内閣一元　～内閣の主体的法案提出権の確認

1　政府・与党二元体制の克服

すでに述べたように、わが国では、内閣のほかに「与党」という独立した機関が別個に分立した形で存在する「政府・与党二元体制」が常態化している。このため、英国のように対議会対策を含めて内閣の権限と責任が一元化されておらず、いわば公式な政府と非公式な政府との二元構造の中で運営実態が分化し、責任の所在が曖昧になるなどの深刻な弊害をもたらしている。

今後、わが国がめざすべき政治構造改革の基本方向としては、内閣の外に「与党」という存在が別個に分立した形で活動し、非責任主体のまま強力な政治的影響力を行使し、首相や内閣の政策を左右するという、これまでの「政府・与党二元体制」を克服し、「政府と与党の指導体制を首相を中心とする内閣のもとに一元化する」という議院内閣制本来の「内閣一元」の原則を確立していくことが求められる。

2 与党による「事前審査・承認慣行」の廃止

憲法は内閣の議案提出権を定めている。しかしながら、わが国では「政府・与党二元体制」が常態化するなかにあって、与党による事前審査が厳格に制度化され、このことが内閣の議案提出権を著しく制約し、首相を中心とする内閣のリーダーシップ確立の妨げとなっている。また、非公開で行われる与党審査は族議員による不当な介入の温床となり、国会を空洞化させる原因ともなっている。

そこでこの際、当面においては、①内閣は独自の判断で法案を国会に提出できるという憲法の定める原則をあらためて確認するとともに、②与党審査そのものは否定しないまでも、少なくとも、与党による事前の了承がなければ内閣は国会に法案を提出できないとする、これまでの与党による「事前審査・承認慣行」だけは早急に廃止する必要がある。

かりに、③内閣が提出した法案にたいし与党議員の側に異論がある場合には、与党議員も国民注視の国会の場で十分な審議をおこない、必要な修正を加えればよい。

なお、④これまで与党審査の場であった与党政務調査会等は、今後は政府にたいする政策提案や議員立法の立案、次の選挙にのぞむ党綱領や選挙公約の立案の場として、その役割を転換していくことが望まれる。

3 連立与党間協議の弊害の是正

また、連立政権の定着にともない、連立与党間協議が事実上の事前審査機関として機能し、しばしば政権維持目的に無原則な妥協や取引きがおこなわれる一方、その場で成立した政治的合意については数の力によって妥協の余地なく強引に国会を通過させるなど、単独政権時代の与党審査以上にその弊害が目立っている。

したがって、このような連立与党間協議についても前述と同趣旨の見直しを早急におこない、①連立与党間協議が首相を指導力の発揮を縛り、内閣の主体的な法案提出権を妨げるようなことを慎むとともに、②かりに連立を組む政党間の協議が必要であるならば、それは国会審議と並行しておこなうなどの見直しが検討されてしかるべきである。

4　事務次官等会議における事前承認慣行の廃止

また、事務次官等会議は、与党側による事前審査と表裏一体のものとして、閣議に請議される前提として手続化された、全会一致原則をタテにした官僚側による長年にわたる事前審査の慣行であり、法制上の根拠を何ら有するものではない。したがってこの際、内閣提出法案は事務次官等会議を経なければ閣議請議ができないという「事前承認慣行」についても同時にあらためるべきである。

第2　国会運営における内閣のリーダーシップの確立

1　内閣の法案審議への協議権の確立

・副大臣、政務官の衆議院委員会理事としての参加
・副大臣、政務官についての内閣総理大臣の人事権確立

現在、日本の国会では大臣、副大臣、政務官はそれが国会議員であっても委員会の委員からは除外されるなど、審議過程に主体的に参加することは三権分立をタテに事実上認められていない。そのため、内閣提出法案の審議過程は強く与党に依存せざるをえなくなり、国会の審議過程にたいする政府のリーダーシップは著しく阻害されている。

しかし、議院内閣制においては、行政権の長たる内閣総理大臣が同時に国会議員として立法府の一員であるように、行政権と立法権は米国のように制度的に峻別されていない。したがって、三権分立をタテに議案の審議過程から議員たる閣僚等は排除されるべきではなく、むしろ、英国の議院内閣制で確立されているように、内閣の国会審議への関与権が幅広く認められてしかるべきである。

具体的には、①少なくとも衆議院においては、当該議案の審議がおこなわれる委員会に国会議員である副大臣または政務官が理事として参加することを認めるべきである。②その際、大臣、副大臣、政務官は一意同心のチームとして活動することが求められるため、大臣だけではなく、副大臣、政務官についても、内閣総理大臣の実質的な人事権を積極的に認めるべきである。

2　議長権限の強化と内閣代表の出席

・議長が直接主宰する新しい議院運営委員会の実現
・議院運営委員会への内閣代表の出席権、協議関与権の確保
・非公式な政党間折衝機関である国会対策委員会の廃止

本来、国会法では、議事整理をはじめ国会運営の基本的事項の決定は議長権限とされているものの、実際には、一般の常任委員会と同列の議院運営委員会に委ねられている。しかしながら、議院運営委員会は常任委員会のひとつであるだけに一般の委員会と同じ議事手続きが適用され、各会派の折衝には不向きであるうえ、事実上の協議が理事懇や院外機関である国会対策委員会に担われる事態を招き、このことが、内閣からすれば、与党に依存せざるをえない国会運営を助長する結果を招いてきた。

また、議院運営委員会には内閣の代表は参加できないにもかかわらず、各省庁の官僚がオブザーバーで同席する慣例はいまなお続いている。これは、政府委員制度を廃止した趣旨にも反すると言わざるをえない。

そもそも、議院内閣制諸国で院の運営を常任委員会でとりおこなう国はない。常任委員会であれば、運営責任は委員長となり、各会派の中立的な裁定者がいない。そこでこの際、①院外の非公式な折衝機関である国会対策委員会を廃止するとともに、②議長が国会法に定められた本来の職責を果せるよう、議長が直接的に議院運営委員会を主宰する新しい議事運営システムを確立し、日常的に議長が与野党会派の言い分を聞いて裁定をくだす仕組みを検討すべきである。

その際、③議長主宰の新しい議院運営委員会には、内閣の代表者の出席を認めるとともに、内閣にたいし提出

した法案の審議スケジュールに関する協議関与権を認めるべきである。

3　会期不継続原則の廃止

・常会の会期延長等による「通年国会」の実現
・会期不継続原則の廃止
・逐条審議の検討～議論することが最大の抵抗手段となりうる新しい審議の仕組み

日本の国会は常会や臨時会など会期が細切れで設定されている。しかも、「会期不継続の原則」により、閉会中審査の手続きをとったものを除き、会期中に両院で議決に至らなかった審議未了の案件は後会に継続せず、廃案となる。このことが、国会審議の内容よりもスケジュール自体が与野党の争点となる「駆け引き型の国会運営」をもたらし、内閣からすれば、提出した法案の成否を与党の尽力に依存しなければならない構造を生み出している。

ただし、会期制の抜本的な改革には憲法改正を要するので、首相を中心とする内閣主導体制の確立にともなう当面の課題としては、①常会の会期延長等を通じて事実上の「通年国会」を実現するとともに、②国会法第六十八条等に定める「会期不継続の原則」を廃止し、閉会中審査の手続き如何にかかわらず、審議未了の案件でも後会に自動的に継続する方向にあらためる必要がある。なお、英国では会期、会期不継続はあるものの一年会期制。ドイツは議員の任期中は議会に活動能力があるとする議会期。米国は一年会期だが議事は継続。フランスは会期制を残したまま会期不継続を廃止している。

なお、会期不継続原則の廃止は、野党側からすれば有効な抵抗手段が奪われることを意味する。したがって、③会期不継続の原則を廃止するにあたっては、「逐条審議」を導入するなど、審議を拒否することよりも積極的に参加することが野党にとって最大の抵抗手段となりうるような新しい審議のあり方についても同時に検討されてしかるべきである。

第3　党議拘束の緩和

・法案提出前の「事前」党議の廃止～国会審議における自由な討論の保障
・党議拘束は本会議最終表決段階における投票態度

の統一手段に純化
・法案の性格により軽重をつけ、党綱領、選挙公約以外は対象外

日本の政党における党議がその他の議院内閣制諸国と比べてきわめて特異なものであることはすでに述べた。このような日本の政党にみられる党議拘束の特色は、厳格に制度化された与党審査と表裏一体の関係にあり、与党審査の見直しにあたっては、同時に政党の党議のあり方についても根本から見直しをおこない、何を対象とし、いつの時点で党議拘束をかけるかについて再検討をおこなう必要がある。

すくなくとも、閣法にたいする与党審査の性格を当該法案の国会提出をたんに了解した程度の意味合いにとどめるとすれば、①法案を国会提出する前段階での所属議員にたいする「事前」の党議拘束も同時にとりやめる必要がある。

また、②かりに党議拘束をかけるにしても、それはあくまでも本会議における最終表決にあたって投票態度の統一をはかるためのものとし、それに先立つ委員会審議にあたっては、所属議員の自由な討論と活動が保障されるべきである。

また、③これまでのようにすべての法案を厳格な党議拘束の対象とするのではなく、法案の性格によって党議のかけかたにも軽重をつけ、あるいは、④各党の綱領や選挙公約以外は原則として党議拘束の対象外とすることも検討されてしかるべきである。

第4　議員と官僚との関係の正常化

・仲介、斡旋のための議員と官僚との接触の禁止
・官僚が個々の議員個人と接触した場合の報告義務
・上記を閣議で申し合わせると同時に与党側でも決議

議員と官僚との関係については、利益誘導などをめぐり常々問題化するところである。英国では政権入りした閣僚等以外の議員と官僚との接触を一切禁止することで不正の排除を試みている。しかしながら、日本では、公務員倫理法においても、議員と官僚との接触についてはなんらの報告義務もなく、また制限もない。

しかし、官僚には公務員としての職務専念義務があり、閣僚等以外の特定の議員との接触は癒着を生む恐れがあるのみならず、「内閣による一元的な政策運営」に支障をきたす恐れもある。

そこで少なくとも当面は、①仲介、斡旋のための議員と官僚との接触はこれを禁止するとともに、②個々の議員との接触について官僚は上司に報告義務を負うこと、以上2点については、内閣において閣議で申し合わせをおこなうとともに、与党側においても同趣旨の決議をおこなう必要がある。より抜本的には、その趣旨を公務員倫理法等の法制度の改正を通じて実現する必要がある。

第5 「内閣主導」から「首相主導」へ

- ・閣議の実質化
- ・政治任用職その他の特別職職員の定数の弾力化
- ・高級官僚の人事管理権を首相に
- ・内閣官房・内閣府を首相の補佐機構に再編
- ・各党のシンクタンクの創設

行政改革会議の最終報告にもとづく中央省庁等の再編に際して、内閣官房が強化され、従来の総理府にかえて内閣府と総務省が設置された。また、首相が閣議にたいし内閣の重要政策に関する基本的な方針その他の案件を発議することができる旨を明文化し、内閣官房による新たな「政策調整システム」を導入するなど、従来型の省庁主導体制を是正し内閣主導体制を確立するための努力が積み重ねられてきている。

しかし、内閣を構成する「国務大臣」のほぼ全員が「各省大臣」等を兼務するという旧来の慣行が無批判に継承されている現状のもとでは、閣議は各省大臣等がそれぞれ所管の省庁の意見を代弁し、その利害を擁護する最後の砦となる可能性が高い。内閣主導体制がこの限界を克服するには、西欧の議院内閣制諸国にほぼ共通してみられるように、首相による力強い政治的リーダーシップの発揮を容易にする仕組みを整え、「内閣主導から首相主導へ」とさらなるバージョンアップをはかる必要がある。

そのためには、まず、①閣僚間の意見交換は閣議終了後の閣僚懇談会でおこなわれるという従来の慣行を廃止し、閣議そのものを実質的な政策発議・政策討議・政策調整の場に変えていく必要がある。

さらに、②大臣、副大臣、政務官、内閣官房および内閣府に置かれる政治任用職その他の特別職職員の定数を法律事項から政令事項にあらため、そのときどきの首相の判断にもとづいて、必要な人材を政界・官界のみならず広く民間からも弾力的に任用することができる仕組みを構築しておく必要がある。

また、本年六月二十九日に発表された「公務員制度改革の基本設計」によれば、人事院による等級別定数の規制および事前承認制度を緩和・廃止し、各省大臣等を各省庁職員の任用権者から人事管理権者へ高め、省庁内の人事異動を弾力化するとともに、その一方では、内閣官房・内閣府のもとに現職の官僚からなる国家戦略スタッフを創設するために府省間の職員の再配置を内閣の必要に応じて機動的におこなえるようにあらためることが提言されている。

しかし、この点については、むしろ、③審議官級以上の高級官僚の人事管理権はこれを首相の権限とし、これによって、首相を補佐する一般職職員の活用を容易にすべきである。

さらにその上の課題として、④内閣官房・内閣府をその名称のみならず実質的な機能においても、内閣を補佐する機構から内閣総理大臣を補佐する機構に再編成すること、⑤各党は政党助成金を活用してそれぞれのシンクタンクを創設し、党の政策綱領の策定に資する政策構想の立案に当たらせるとともに、政権を掌握したあかつきには、このシンクタンクを、首相を補佐する人材のもう一つの供給源とすることを真剣に検討していく必要がある。

【資料2】

地方制度改革とこれからの都道府県

～「道州制」についての私見～

西尾　勝

「自治体学研究第90号より」

はじめに：私の基本的なスタンス

「道州制」は戦前から提唱されていた構想である。戦後も、昭和30年代初頭の第4次地方制度調査会で論議された「道州制」構想に始まって、その後も各方面から繰り返し提唱され続けてきた制度構想である。いずれも「道州制」という共通の名称の下に論じられながら、その構想の中身はそれぞれ全く別物であった。したがって、「道州制」とは何かという問いには誰も答えられない。それだけに、「道州制」は分権改革を更に促進する方策にもなり得る反面、分権改革を後退させる方策にもなり得る。その意味で、「道州制」論議は扱いにくい代物なのであって、迂闊（うかつ）に乗れない危険性が伴う。

私としては、分権改革を更に促進する「道州制」であれば、これを一つの将来目標とすることに反対する理由はないと考えている。しかし、その実現は決して簡単ではない。そこで当面は、都道府県間の広域連携や広域連合の結成、更には合併・統合による都道府県の再編成といった着実な歩みを進めた方が無難だと考えている。

しかし、２００３年の総選挙の際には、自民党の政権公約にも民主党のマニフェストにも、「道州制」の導入または検討が掲げられていた。ことほど左様に、政界には「市町村合併の次は『道州制』」という空気が蔓延し充満している。そして事実、市町村合併の進展によって、管内の市町村数が大幅に減少する府県や、都道府県の役割・機能が大幅に縮小され空洞化していく府県など、その存在理由を問われかねない府県が生じ得るのである。そうなれば、「道州制」論議はいっそう過熱する。そうであれば、時機を逸しないように今から「道州制」論議に参画し、これが分権改革を更に促進する方策になるように、少なくともこれが分権化の流れにとって「逆コースの改革」にならないように、できるかぎりの努力を傾けておく責務があるのではないかとも考えている。

これが、「道州制」論議に対する、現時点での私の基本的なスタンスである。

Ⅰ 「道州」の性格

：「道州」は広域自治体でなければならない

「道州制」における「道州」はいかなる性格の団体であるべきか。これまでに提唱されてきた「道州制」の諸構想を、そこで想定されている「道州」の性格から分類すれば、以下の５類型に分類できる。すなわち、

① 連邦制国家を構成する単位国家としての「州」を想定している構想
② 国の直下に位置する、国の第１級地方総合出先機関を想定している構想
③ 国の第１級地方総合出先機関＋広域自治体という融合団体を想定している構想
④ 原則として都道府県より広域の、都道府県と並存する新しいもう一つの広域自治体を想定している構想
⑤ 都道府県に代わる新しい広域自治体を想定している構想

の５類型である。

この点について、第27次地方制度調査会の答申は、「道州」は都道府県に代わる広域自治体であるべきだとした上で「道州制」は機関委任事務制度を復活するような仕組みのものであってはならないと付言していた。また、社会には現行の単一主権国家から連邦制国家への移行を支持するような社会的基盤はないとも断言していた。要するに、上記①ないし③の構想を却下し、上記⑤の構想を採用すべきだとしていた。この点は、第28次地方制度調査会が２００４年11月に内閣総理大臣に提出した「道州制に関する論点メモ」においても、基本的に維持されている。

しかしながら、これをもって、この点についてはすでに社会的合意が成立しているなどと気を緩めてはならない。自民党の道州制推進議員連盟における内々の議論では、国の各省庁の地方出先機関の所掌事務と職員をできるだけ幅広く「道州」に移管しようとする構想が提示されている。それは眞に結構なことではないかなどと思われる読者がおられるかもしれないが、それは大きな誤解である。この点は、集権化か分権化かが決まる、きわめて重要な分岐点なので、くれぐれも誤解のないようにしてほしい。

国の各省庁の地方出先機関の所掌事務と職員をできるだけ幅広く「道州」に移管することにすればするほど、その性格上明らかに「国の事務」と認めざるを得ない性格の事務まで「道州」に移管されることになる。そのとき、国の各省庁はこの種の「国の事務」の執行に対する指揮監督権をはたして放棄するであろうか。決して放棄しようとはしない。こうして、国の各省庁が「道州」に移管されたこの種の「国の事務」に対する指揮監督権を留保し続けるのであれば、この「道州」は、「国の第1級地方総合出先機関」そのものになるか、良くて「国の第1級地方総合出先機関＋広域自治体」に成り下がらざるを得ないのである。「道州」は戦前の府県に類似した性格の団体になるか、さもなければ、第1次分権改革で全面廃止した機関委任事務制度や地方事務官制度に類似の中央集権的な行政統制の仕組みを復活した、不完全自治体になる。

民主党も一時期は、「連邦制的道州制」なるものを提唱していた。これが、できるだけ分権的な「道州制」を目指すということであれば、問題はない。だが、この「連邦制的」という形容詞には、国を連邦政府的な中央政府と州政府的な「道州」政府とに分割したいという強い願望が込められているように、感じられてならない。もしもそうであれば、国を分割し、中央政府を身軽にしようとしている点で、自民党道州制議連の議論と民主党の「連邦制的道州制」の議論は、結果的には大差のないものに帰着してしまう危険性を持つ。

国の機関の所掌事務と職員を自治体に移管すれば、国の行政機構は縮小され、国家公務員数は削減される。国を身軽にするという行政改革の一つの目的には貢献する。しかし、それがただちに地方分権の推進につながる、とは限らない。

肝心なことは、これまで「国の事務」とされてきた事務について改めて精査し、この機会にこれを「地方公共団体の事務」に変更した方が良いもの、あるいは「地方公共団体の事務」に変更しても何ら支障がないと認められるものを慎重に選別することである。「道州」が国から引き取るべき事務は、こうして選別され、この機会に事務区分を変更されることとなる、新しい「地方公共団体の事務」でなければならない。そして、「地方公共団体の事務」とされたものについては、法令による義務付けや枠付け、並びに国の機関による行政的な関与をできるだけ縮小緩和し、自治体の自己決定・自己責任の領域を拡張することである。

なお、「道州」の性格についての私見は、地方制度調査会のそれとはいささか異なる。私は、「道州」は、上記④の「都道府県と並存するもう一つの広域自治体」とする場合と、上記⑤の「都道府県に代わる広域自治体」とする場合と、双方の余地を残しておくべきだと主張してきた。後述するように、少なくとも当分の間は、ある地域は「道州制」、その他の地域は都道府県制という、両者の水平的な並存状態や、「道州制」と市区町村制の中間に都道府県制が残存しているという、両者の垂直的な並存状態を許容していかなければ、「道州制」の円滑な導入はむずかしいと判断しているからである。

Ⅱ 「道州」の区画割と設置
・関係都道府県の合意に基づくべきである

「道州制」の諸構想は、全国を7~9の地方ブロックに区画割し、この地方ブロック単位に「道州」を設置すべしと提言してきた。だが、これらの区画割諸案の妥当性について真剣に議論されたことは一度もない。したがって、この点についても、社会的合意は皆無に等しい。なかでも、関東地方から近畿地方に至る本州の中央部分をどのように区画割するのが妥当か、社会的合意を形成することは極度にむずかしいように思われる。

第27次地方制度調査会の答申は、「道州」の区画は「地理的、歴史的、文化的な諸条件を踏まえ、経済社会的な状況を勘案して定められるものとする。」とし、これを「誰がどのようにして定めるのか」は、今後の検討事項として先送りしている。

都道府県を包括する「道州」を設置するにしろ、都道府県を廃止しこれに代えて「道州」を設置するにしろ、新たな「道州」の区画割と設置は、関係都道府県の協議と合意に基づくべきなのか、それとも法律によるべきなのか。

新たに設置される「道州」が国の第1級地方総合出先機関であれば、国の任意の判断に委ねられるべき事項であって、法律で設置すればよい。しかし、新たに設置される「道州」が自治体であるときに、これを国の一方的な意思のみによって設置することが許されるのであろうか。ましてや、都道府県を廃止しこれに代えて「道州」を設置する場合には、「道州」の設置に先立って都道府県の廃止を行うことになるが、戦後約60年にわたって自治体と認められてきた都道府県を、その意向に拘わらず国の一方的な意思によって廃止するなどという乱暴な措置がはたして許されるのであろうか。それが「地方自治の本旨」に適う措置であろうか。

私は、ここで憲法解釈論議を展開するつもりはない。ただ、新たに設置する「道州」を自治体としての気概と体質を有するものに育て上げていくためにも、その区画割と設置は関係都道府県の合意に基づいてこれを行わなければならない、と強く主張しておきたい。都道府県を廃止しこれに代えて「道州」を設置する場合にも、地方自治法第6条第1項の「都道府県の廃置分合又は境界変更をしようとするときは、法律でこれを定める。」に安直に依拠して、法律でこれを行うべきではない。

新たな「道州」の区画割と設置は関係都道府県の協議と合意に基づいてこれを行うことに決めれば、その途端に、都道府県制から「道州制」への移行をある日を期して全国一斉に行うことなど、全く非現実的な机上のプランとなり、この移行は「条件の整った地域」から順次にこれを進めるということにならざるを得ない。

このように、「ならざるを得ない。」という言い方をすると消極的に聞こえるが、むしろその方がはるかに分権的な帰結に導くのである。漸進的な移行方式を採ることによって、新たな「道州制」を、全国各地それぞれの諸条件に適合した、画一的でなく弾力的なものにしていく道が拓かれるのである。

Ⅲ 「道州制」の標準型と特例型
：一国多制度を許容する道を拓くべきである

分権改革を更に促進する「道州制」は、都道府県の更なる広域化という「下から上へ」の流れと、国からの事務権限の移譲という「上から下へ」の流れとが合流したときに、初めて成立するものである。

これまで国の各省庁の側は、都道府県制から「道州制」へ移行したときはともかくとして、現在の都道府県に対してこれ以上移譲できる事務権限はない、と言ってきた。

これに対する都道府県側の姿勢は、国の各省庁の側がまず事務権限の大幅な移譲を確約すれば、「道州制」への移行を真面目に検討してもよいが、その確約も得られないままに都道府県制の再編成について検討をしてみても、都道府県にとって得るものは何もない、というものであったように思われる。このままでは両すくみの状態である。どちらの側から突破口を開くべきなのか。

これが「道州制」推進運動の戦略方針を大きく分ける分岐点である。私は、「はじめに」においてすでに述べたように、まず都道府県側が近隣府県との広域連携の実績を積み上げ、都道府県境を越える政策課題について広域連合の結成を試み、徐々に都道府県再編成の気運を醸成していくべきであると考える。これが仮に「道州制」に結びつかなかったとしても、十分に有意義なことだと考えている。

ところで、「道州制」の制度の創設が法制化されたときには、北海道と沖縄県の両地域は、都道府県の広域化という標準的なステップを踏むことなしに、いわば例外的に、現在の道県の区画のまま「道州制」への移行を希望することになるのではないかと予測される。そして、この予測どおりの事態になったときには、これら両地域の「地理的、歴史的、文化的な諸条件を踏まえ」、その意向は尊重されるべきであると考える。

しかし、これら両地域のどちらも、経済的に自立した圏域を形成しているとは言えない。それどころか、これら両地域は、これまでも手厚い行財政特例の適用を受けて来たのである。したがって、これら両地域は、都道府県制から「道州制」に移行するにしても、標準型の「道州」に認められる以上の諸権限（おそらくは、国の専権事項に属すると考えられてきた関税その他の国税、国際金融、国際通商、出入国管理等々に関する立法権または行政権の一部）を特例的に賦与されなければ、その持続可能な将来像を描くことは困難だと思われる。

そこで、「道州制」の制度の創設を法制化する際には、当初から、「道州」を標準型と特例型とに区分するなど、制度の多様化を許容した制度設計を行うべきではないかと考える。特例型の「道州制」を創設する余地を開くことは、広い意味での一国多制度を許容することを意味する。

特例型の「道州」の余地を開く必要が生じるのは、北海道と沖縄県の両地域に限られない。私見によれば、東京圏と大阪圏の両大都市圏を包括する「道州」をどのように制度設計するかは、「道州制」全般の制度設計のなかでも難問中の難問と見るべきである。この両大都市圏の地方自治制度をどのように再編成したら良いのか、私にもいまだに妙案は浮かばないが、標準型の「道州」とはその権能と政府体系において種々の相違点を持った特例型の「道州」を創設せざるを得ないのではないかと思われる。

これらの特例型の「道州」は、それぞれ一つひとつ、その制度設計の細部において異なるものになる可能性が高い。そこで、これら特例型の「道州」の区画の設定と団体の設置については、憲法第95条の地方自治法特別法の手続によることにしてはどうか。更に付言すれば、この機会に、地方自治特別法の制度をもっと活用しやすくするために、国会法と地方自治法の関係条項を改正し、地方自治特別法の法案提出権を関係自治体に賦与することにしてはどうかと考える

Ⅳ 「道州」への立法権の移譲
：参議院を廃止し地方自治保障院（仮称）を創設せよ

ここで、もう一度、話を標準型の「道州制」の制度設計に戻す。私は先に、「道州」が国から引き取るべき事務は、この機会に「国の事務」から「地方公共団体の事務」に事務区分を変更された事務に限られるべきであって、その性格上明らかに「国の事務」と認めざるを得ないような種類の事務まで引き取ってはならない、と述べた。読者諸氏のなかには、その程度の事務権限の移譲に止まるのであれば、「道州制」も魅力に乏しいと感じられた方々がおられたかもしれない。しかし、これだけでも、かつて地方分権推進委員会がその第5次勧告において目指した事務権限の移譲案、そして政官業の結束した抵抗勢力に阻止され挫折した事務権限の移譲案よりも、はるかに大幅な事務権限の移譲を一括して要求していることになるのである。それでもなお魅力に乏しいというべきか否か、それは読者諸氏の判断に委ねざるを得ない。

ただ、ここでもう一点、是非とも正しく理解してほしいことがある。自治権を拡充する方策はこの事務権限の移譲に尽きるものではないという点である。自治権の拡充にとって重要なのは、ある意味では事務権限の移譲よりも以上に、国から自治体への立法権の移譲なのである。この立法権の移譲は制度・政策の企画権の移譲と言い換えてもよい。

事務権限の移譲というときの「事務権限」とは「事務の執行権限」にすぎないことに注意してほしい。ある事務の執行権限が「道州」に移譲されたとしても、この事務の執行規準や執行手続が法令等（法律、政令、省令、告示）に細かく規定されていればいるほど、この事務の執

行方法について「道州」が自由に選択する余地は狭められる。ましてや、法令がこの事務の執行を「道州」の義務と定めているときは、「道州」には、この事務を執行しないという選択をする自由もない。地方自治にとって重要なのは、事務の執行規準や執行手続を自主的に設計する自由であり、事務の優先順位を決める自由であり、事務の取捨選択をする自由である。

「三位一体の改革」に際して、国庫補助負担金の廃止とその廃止総額に見合う税源移譲が行われるだけでは自治体側の自己決定・自己責任の領域はそれほど拡大しないのであって、自治体側の自己決定・自己責任の領域を大きく拡大するためには、「三位一体の改革」に合わせて当該政策・事業体系に係る規制の緩和が不可欠であると言われたのは、正にこの問題にほかならないのである。

国から自治体に立法権を移譲するにはどうすればよいのか。法令等を大綱化し、細目のルール・メイキングを「道州」の条例に委ねることである。問題は、この法令の大綱化を誰がどのようにして法令の所管省庁に迫るのかである。

第1次分権改革では、通達通知による国の関与を縮小緩和するために、機関委任事務制度を全面廃止するとともに、従来は訓令（命令）とされていた通達も含め、すべての通達通知を一括して「技術的な助言」に改めた。しかし、法令等の場合にはこの種の一括処理を行う方法がない。都市計画法、建築基準法、景観法、屋外広告物法等々、個別の法令の体系ごとに仔細に点検し、どこをどのように大綱化してほしいのか調べ、これらの法令の所管省庁にその改正を求めていくほかない。この膨大な作業を誰がどこで行うのか。第2次の地方分権推進委員会を設置してみても、ここで着実な成果を上げられるという見通しは立ちにくい。

そこで、中央集権的な法令のこれ以上の増殖を抑止し、地方自治を不当に制約している既存の法令の改正を促進するために、国の立法過程に自治体関係者の意見を有効に投入することのできる恒常的な仕組みを創設してみてはどうであろうか。現に、ドイツでは、一院制の連邦議会とは別個の副次的な立法審査機関として、各州の代表で構成されている連邦参事院が設けられている。フランスでは両院制の議会の上院が事実上は自治体代表者で構成されている。

これらに類似した仕組みを日本にも導入することを構想していくと、どうしても参議院問題に行き着く。国会の参議院については、従前からこれが衆議院のカーボン・コピーのごとき存在となって第二院としての独自性を喪失し、無用の長物になっていると批判されてきたが、近年は、無用の長物どころか参議院選挙の結果で政局が動くなど、参議院が過剰に強い権能を持つに至っていて、参議院の存在が議院内閣制の健全な作動を阻害していると批判されるようにさえなっている。したがって、いずれ憲法が改正されるときには、この参議院をどうするかは、最も重要な争点の一つになるものと思われる。そのとき、基本的な選択肢は二つある。一つは、両院制を維持しながら参議院議員の選出方法を改め参議院の権能を限定することによって、その第二院性を明確にする方法。もう一つは、参議院を廃止し、国会を一院制に改める方法。

そこで、前者の場合には、第二院としての参議院の議員の選出方法を自治体関係者による間接選挙にし、後者の場合には、国会とは別個に、副次的な立法審査機関として自治体関係者の代表から構成される地方自治保障院(仮称)を新設することにしてはどうであろうか。

V 「道州」議会の構成
：市町村長会議を併設せよ

「道州制」の政府形態については、これまでは、「道州」の長を官選にするのか直接公選にするのかがほとんど唯一の争点であった。しかし、私見によれば、現憲法下で「道州」を広域自治体とする以上は、「道州」の長を官選にする余地は全くなく、それは当然に直接公選になるはずである。

もっとも、第28次地方制度調査会の「道州制に関する論点メモ」では、「道州」は憲法第93条に定める「地方公共団体」に該当するのかしないのかを一つの検討事項にしている。その真意は、「道州」が憲法第93条に定める「地方公共団体」に該当しないと解釈する余地があるのであれば、「道州」の政府形態を首長制にせず、これを議院内閣制にする余地も開かれるという点にあるように思われる。しかし、「道州」は憲法第93条に定める「地方公共団体」に該当しないという憲法解釈に立てば、これと同時に、「道州」の長を官選にする余地も開かれることに留意しておいてほしい。

私は、ここではむしろ、これまでほとんど全く争点になって来なかった「道州」議会の構成方法を問題にしたい。先に私が期待したように、国から「道州」に相当程度の立法権（制度・政策の企画権）が移譲されることとなった場合には、従来は法令で定められていた事項が「道州」条例に委ねられることになるので、「道州」条例は従来の都道府県条例とは比較にならないほどに重要な意味を持つ。そして、「道州」条例は、少なくともその一部は、管内の市区町村をも拘束するものとなる可能性を持つ。こうした重要な立法権を有することになる可能性のある「道州」議会議員の構成方法はどうあるべきなのか。

まず、「道州」議会議員の選挙制度についてであるが、基本的な選択肢は二つある。一つは、従来の都道府県議会議員の選挙制度を基本的に踏襲し、旧都道府県の区域間の定数配分の均衡に配慮しながら、中選挙区制または小選挙区制の選挙制度にする方法である。もう一つは、「道州」全域を一つの選挙区とする拘束名簿式比例代表選挙にする方法である。私は、後者の拘束名簿式比例代表選挙制度を採用することを推奨したい。

首長制（議会と長の二元代表制）における議会にあっては、とりわけ、住民の多様な意見を公平に代表することが重要であり、女性の議員を含め、議員の属性を多様化することが重要だと考えるからである。また、「道州」議会議員の選挙制度を拘束名簿式比例代表選挙にすれば、これに伴って全国政党の地方支部組織の整備が促進され、無党派層の蔓延傾向に歯止めをかけ、政党政治の再建にも寄与するのではないかと期待されるからである。さらに言えば、市区町村議会議員と「道州」議会議員と国会議員の議員後援会を媒介にした系列化の絆を緩める効果も期待されるからである。

これに加えて、「道州」議会とは別個に、「道州」の長の常設の諮問機関として市区町村長会議を併設することを提案したい。「道州」と管内の市区町村との意見調整を綿密にするためである。そしてまた、この市区町村長会議が有効に機能するようになりさえすれば、「道州」議会を地域選出議員で構成せずにこれを比例代表議員で構成しても、さしたる支障は生じないのではないかと考えてのことである。

おわりに

以上、「道州制」をめぐる主要な論点について現時点での私見を披瀝してきたが、「道州制」をめぐる論点はこれに尽きるものではない。

私の講演録「『道州制』について、私はこう考える」（財団法人東京市政調査会、「都市問題」公開講座・ブックレット2『都道府県制に未来はあるか』所収、2004年10月）は、本稿では紙数の関係から割愛した諸点についても論及しているので、これを合わせてお読みいただければ幸いである。

（にしお・まさる）

著者紹介

西尾　勝（にしお・まさる）
財団法人東京市政調査会理事長

一九六一年東京大学法学部卒業、東京大学法学部助手・助教授を経て、一九七四～一九九九年同教授。一九九九年～二〇〇六年国際基督教大学教授。二〇〇六年より現職。

主な著書に『権力と参加』『行政学の基礎知識』（東京大学出版会）、『行政学』（有斐閣）、『未完の分権改革』（岩波書店）など多数。

地方自治ジャーナルブックレットNo. 43

分権改革と政治改革　～自分史として

２００６年１０月４日　初版発行

著　者　　西尾　勝

発行人　　武内　英晴

発行所　　公人の友社

〒112-0002 東京都文京区小石川５－２６－８

ＴＥＬ０３－３８１１－５７０１

ＦＡＸ０３－３８１１－５７９５

Ｅメール koujin@alpha.ocn.ne.jp

http://www.e-asu.com/koujin/

公人の友社のブックレット一覧
（06.10.5現在）

「地方自治ジャーナル」ブックレット

No.2
政策課題研究の研修マニュアル
首都圏政策研究・研修研究会
1,359円［品切れ］

No.3
使い捨ての熱帯林
熱帯雨林保護法律家リーグ 971円

No.4
自治体職員世直し志士論
村瀬誠 971円

No.5
行政と企業は文化支援で何ができるか
日本文化行政研究会 1,166円

No.7
パブリックアート入門
竹田直樹 1,166円［品切れ］

No.8
市民的公共と自治
今井照 1,166円［品切れ］

No.9
ボランティアを始める前に
佐野章二 777円

No.10
自治体職員の能力
自治体職員能力研究会 971円

No.11
パブリックアートは幸せか
山岡義典 1,166円

No.12
市民がになう自治体公務
パートタイム公務員論研究会
1,359円

No.13
行政改革を考える
山梨学院大学行政研究センター
1,166円

No.14
上流文化圏からの挑戦
山梨学院大学行政研究センター
1,166円

No.15
市民自治と直接民主制
高寄昇三 951円

No.16
議会と議員立法
上田章・五十嵐敬喜 1,600円

No.17
分権段階の自治体と政策法務
松下圭一他 1,456円

No.18
地方分権と補助金改革
高寄昇三 1,200円

No.19
分権化時代の広域行政
山梨学院大学行政研究センター
1,200円

No.20
あなたのまちの学級編成と地方分権
田嶋義介 1,200円

No.21
自治体も倒産する
加藤良重 1,000円

No.22
ボランティア活動の進展と自治体の役割
山梨学院大学行政研究センター
1,200円

No.23
新版・2時間で学べる「介護保険」
加藤良重 800円

No.24
男女平等社会の実現と自治体の役割
山梨学院大学行政研究センター
1,200円

No.25
市民がつくる東京の環境・公害条例
市民案をつくる会 1,000円

No.26
東京都の「外形標準課税」はなぜ正当なのか
青木宗明・神田誠司 1,000円

No.27
少子高齢化社会における福祉のあり方
山梨学院大学行政研究センター
1,200円

No.28
財政再建団体
橋本行史 1,000円［品切れ］

No.29
交付税の解体と再編成
高寄昇三 1,000円

No.30
町村議会の活性化
山梨学院大学行政研究センター
1,200円

No.31
地方分権と法定外税
外川伸一 800円

No.32
東京都銀行税判決と課税自主権
高寄昇三 1,000円

No.33
都市型社会と防衛論争
松下圭一　900円

No.34
中心市街地の活性化に向けて
山梨学院大学行政研究センター
1,200円

No.35
自治体企業会計導入の戦略
高寄昇三　1,100円

No.36
行政基本条例の理論と実際
神原勝・佐藤克廣・辻道雅宣
1,100円

No.37
市民文化と自治体文化戦略
松下圭一　800円

No.38
まちづくりの新たな潮流
山梨学院大学行政研究センター
1,200円

No.39
ディスカッション・三重の改革
中村征之・大森彌　1,200円

No.40
政務調査費
宮沢昭夫　800円

No.41
市民自治の制度開発の課題
山梨学院大学行政研究センター
1,100円

No.42
自治体破たん
・「夕張ショック」の本質
橋本行史　1,200円

No.43
分権改革と政治改革
～自分史として
西尾勝　1,200円

「地方自治土曜講座」ブックレット

《平成7年度》

No.1
現代自治の条件と課題
神原勝　900円

No.2
自治体の政策研究
森啓　600円

No.3
現代政治と地方分権
山口二郎　[品切れ]

No.4
行政手続と市民参加
畠山武道　[品切れ]

No.5
成熟型社会の地方自治像
間島正秀　500円

No.6
自治体法務とは何か
木佐茂男　[品切れ]

No.7
自治と参加アメリカの事例から
佐藤克廣　[品切れ]

No.8
政策開発の現場から
小林　勝彦・大石和也・川村喜芳
[品切れ]

《平成8年度》

No.9
まちづくり・国づくり
五十嵐広三・西尾六七　500円

No.10
自治体デモクラシーと政策形成
山口二郎　500円

No.11
自治体理論とは何か
森啓　600円

No.12
池田サマーセミナーから
間島正秀・福士明・田口晃　500円

No.13
憲法と地方自治
中村睦男・佐藤克廣　500円

No.14
まちづくりの現場から
斎藤外一・宮嶋望　500円

No.15
環境問題と当事者
畠山武道・相内俊一　[品切れ]

No.16
情報化時代とまちづくり
千葉純・笹谷幸一　[品切れ]

No.17
市民自治の制度開発
神原勝　500円

《平成9年度》

No.18
行政の文化化
森啓　600円

No.19
政策法学と条例
阿倍泰隆　[品切れ]

No.20
政策法務と自治体
岡田行雄　[品切れ]

No.21
分権時代の自治体経営
北良治・佐藤克廣・大久保尚孝
600円

No.22
地方分権推進委員会勧告とこれからの地方自治
西尾勝　500円

No.23
産業廃棄物と法
畠山武道　[品切れ]

No.25
自治体の施策原価と事業別予算
小口進一　600円

No.26
地方分権と地方財政
横山純一　[品切れ]

《平成10年度》

No.27
比較してみる地方自治
田口晃・山口二郎　[品切れ]

No.28
議会改革とまちづくり
森啓　400円

No.29
自治の課題とこれから
逢坂誠二　[品切れ]

No.30
内発的発展による地域産業の振興
保母武彦　600円

No.31
地域の産業をどう育てるか
金井一頼　600円

No.32
金融改革と地方自治体
宮脇淳　600円

No.33
ローカルデモクラシーの統治能力
山口二郎　400円

No.34
政策立案過程への「戦略計画」手法の導入
佐藤克廣　500円

No.35
98サマーセミナーから「変革の時」の自治を考える
神原昭子・磯田憲一・大和田建太郎
600円

No.36
地方自治のシステム改革
辻山幸宣　400円

No.37
分権時代の政策法務
礒崎初仁　600円

No.38
地方分権と法解釈の自治
兼子仁　400円

No.39
市民的自治思想の基礎
今井弘道　500円

No.40
自治基本条例への展望
辻道雅宣　500円

No.41
少子高齢社会と自治体の福祉法務
加藤良重　400円

《平成11年度》

No.42
改革の主体は現場にあり
山田孝夫　900円

No.43
自治と分権の政治学
鳴海正泰　1,100円

No.44
公共政策と住民参加
宮本憲一　1,100円

No.45
農業を基軸としたまちづくり
小林康雄　800円

No.46
これからの北海道農業とまちづくり
篠田久雄　800円

No.47
自治の中に自治を求めて
佐藤　守　1,000円

No.48
介護保険は何を変えるのか
池田省三　1,100円

No.49
介護保険と広域連合
大西幸雄　1,000円

No.50
自治体職員の政策水準
森啓　1,100円

No.51
分権型社会と条例づくり
篠原　一　1,000円

No.52
自治体における政策評価の課題
佐藤克廣　1,000円

No.53
小さな町の議員と自治体
室崎正之　900円
No.54
地方自治を実現するために法が果たすべきこと
木佐茂男　[未刊]
No.55
改正地方自治法とアカウンタビリティ
鈴木庸夫　1,200円
No.56
財政運営と公会計制度
宮脇淳　1,100円
No.57
自治体職員の意識改革を如何にして進めるか
林嘉男　1,000円

《平成12年度》

No.59
環境自治体とＩＳＯ
畠山武道　700円
No.60
転型期自治体の発想と手法
松下圭一　900円
No.61
分権の可能性
スコットランドと北海道
山口二郎　600円

No.62
機能重視型政策の分析過程と財務情報
宮脇淳　800円
No.63
自治体の広域連携
佐藤克廣　900円
No.64
分権時代における地域経営
見野全　700円
No.65
町村合併は住民自治の区域の変更である。
森啓　800円
No.66
自治体学のすすめ
田村明　900円
No.67
市民・行政・議会のパートナーシップを目指して
松山哲男　700円
No.69
新地方自治法と自治体の自立
井川博　900円
No.70
分権型社会の地方財政
神野直彦　1,000円
No.71
自然と共生した町づくり
宮崎県・綾町
森山喜代香　700円

No.72
情報共有と自治体改革
ニセコ町からの報告
片山健也　1,000円

《平成13年度》

No.73
地域民主主義の活性化と自治体改革
山口二郎　600円
No74
分権は市民への権限委譲
上原公子　1,000円
No.75
今、なぜ合併か
瀬戸亀男　800円
No.76
市町村合併をめぐる状況分析
小西砂千夫　800円
No.78
ポスト公共事業社会と自治体政策
五十嵐敬喜　800円
No.80
自治体人事政策の改革
森啓　800円

《平成14年度》

No.82
地域通貨と地域自治
西部忠　900円

No.83
北海道経済の戦略と戦術
宮脇淳　800円
No.84
地域おこしを考える視点
矢作弘　700円
No.87
北海道行政基本条例論
神原勝　1,100円
No.90
「協働」の思想と体制
森啓　800円
No.91
協働のまちづくり
三鷹市の様々な取組みから
秋元政三　700円

《平成15年度》

No.92
シビル・ミニマム再考
ベンチマークとマニフェスト
松下圭一　900円
No.93
市町村合併の財政論
高木健二　800円
No.95
市町村行政改革の方向性
～ガバナンスとＮＰＭのあいだ
佐藤克廣　800円

No.96
創造都市と日本社会の再生
佐々木雅幸　800円

No.97
地方政治の活性化と地域政策
山口二郎　800円

No.98
多治見市の政策策定と政策実行
西寺雅也　800円

No.99
自治体の政策形成力
森啓　700円

《平成16年度》

No.100
自治体再構築の市民戦略
松下圭一　900円

No.101
維持可能な社会と自治
～『公害』から『地球環境』へ
宮本憲一　900円

No.102
道州制の論点と北海道
佐藤克廣　1,000円

No.103
自治体基本条例の理論と方法
神原勝　1,100円

No.104
働き方で地域を変える
～フィンランド福祉国家の取り組み
山田眞知子　800円

《平成17年度》

No.107
公共をめぐる攻防
～市民的公共性を考える
樽見弘紀　600円

No.108
三位一体改革と自治体財政
岡本全勝・山本邦彦・北良治・逢坂誠二・川村喜芳　1,000円

No.109
連合自治の可能性を求めて
サマーセミナー in 奈井江
松岡市郎・堀則文・三本英司・佐藤克廣・砂川敏文・北　良治　他
1,000円

No.110
「市町村合併」の次は「道州制」か
高橋彦芳・北良治・脇紀美夫・碓井直樹・森啓　1,000円

No.111
コミュニティビジネスと建設帰農
松本懿・佐藤　吉彦・橋場利夫・山北博明・飯野政一・神原勝
1,000円

《平成18年度》

No.112
「小さな政府」論とはなにか
牧野富夫［11月上旬刊行予定］

TAJIMI CITY ブックレット

No.2
転型期の自治体計画づくり
松下圭一　1,000円

No.3
これからの行政活動と財政
西尾勝　1,000円

No.4
構造改革時代の手続的公正と第2次分権改革
手続的公正の心理学から
鈴木庸夫　1,000円

No.5
自治基本条例はなぜ必要か
辻山幸宣　1,000円

No.6
自治のかたち法務のすがた
政策法務の構造と考え方
天野巡一　1,100円

No.7
自治体再構築における
行政組織と職員の将来像
今井照　1,100円

No.8
持続可能な地域社会のデザイン
植田和弘　1,000円

No.9
政策財務の考え方
加藤良重　1,000円

No.10
市場化テストをいかに導入するべきか　～市民と行政
竹下譲　1,000円

朝日カルチャーセンター 地方自治講座ブックレット

No.1
自治体経営と政策評価
山本清　1,000円

No.2
ガバメント・ガバナンスと行政評価システム
星野芳昭　1,000円

No.4
政策法務は地方自治の柱づくり
辻山幸宣　1,000円

No.5
政策法務がゆく
北村喜宣　1,000円

政策・法務基礎シリーズ
—東京都市町村職員研修所編

No.1
これだけは知っておきたい
自治立法の基礎
600円

No.2
これだけは知っておきたい
政策法務の基礎
800円

地域ガバナンスシステム・シリーズ
（龍谷大学地域人材・公共政策開発システム
オープン・リサーチ・センター企画・編集）

No.1
地域人材を育てる
自治体研修改革
土山希美枝　900円

No.2
公共政策教育と認証評価システム—日米の現状と課題—
坂本勝　編著　1,100円

No.3
暮らしに根ざした心地良いまち
野呂昭彦・逢坂誠二・関原剛・
吉本哲郎・白石克孝・堀尾正靱
1,100円

都市政策フォーラムブックレット
（首都大学東京・都市教養学部
都市政策コース　企画）

No.1
「新しい公共」と新たな支え合いの創造へ—多摩市の挑戦—
首都大学東京・都市政策コース
900円［10月上旬刊行予定］